子どもの詩と日記に見る昭和の農村

お茶摘みぐれ、できたらな

校歌を作った先生と子どもたち

今井成司 編著

本の泉社

はじめに

「有楽町で逢いましょう」が流行っていた一九五八年のころのことです。先生の指導で、校歌を作った子どもたちがいました。
茨城県七重小学校の六年二組の子どもたちです。作曲は、担任の鈴木雅男先生。

七重子どもの歌

東に筑波を　雄々しく仰ぎ
西に利根の　流れをのぞむ
平新皇に　千年の
古き歴史を　しのびつつ
学びに学ぶ　七重の子ども

半谷の野辺に　きのこを探り
富田の弁天　池めぐりては
四季それぞれに　美わしき
よき故郷に　いだかれて
元気に育つ　七重の子ども

父母や祖父母の　通いし道よ
駒跣《こまはね》、借宿　あの並木道
共に手を取り　肩をくみ
励ましあって　進もうよ
清く明るい　七重の子ども

黄金波うつ　くぐい戸沼よ
すきくわ振るう　父母兄弟の
尊き汗を　うけついで
豊かな里を　築かんと
希望に燃える　七重の子ども

当時隣の組、六年一組の私も歌いました。でも、少し恥ずかしかったのを覚えています。私の家の前の往還の松並木が歌に出ているからです。歌というものは「有楽町」とか「伊豆の山々」のような有名な地名が盛り込まれるのに、おらほうの駒跣の「松並木」とか、歌に出てきていいんだんべか。おそらく、そう感じていたのは、私だけではないと思います。都会、中央へのあこがれと言えば聞こえはいいが、自分たちの周りにはろくなものがない、自分たちは劣っている、そういう固定観念、自信のなさみたいなものがあったのでした。そのような「ホーケン」的な考え方を、この歌は、払拭しようとしたのでした。「おらたちのことでも歌になるんだ。」

子どもに寄り添い、地域に密着したこの六年二組鈴木雅男学級の教育はどこから生まれたのか、それが最初の関心事でした。たったの二年間だったのに、今でも、懐かしく思い出すのはなぜなのだろうか。

その背景と、その教育について、お聞きしたい。当時盛んであった、生活綴り方＝子どもたちが作文や詩を書きながら、身の回りの暮らしの中から、生き方を考え、地に着いた確かな知識を身に着けていく教育方法＝とは関係があるのだろうか。後に小学校教師となった私はいつかこんなことを考えていました。それで当時の五、六年二組の担任・鈴木雅男さんにインタビューしました。

しかし、東京の作文研究会の仕事や、作文・国語関係の本の出版などの仕事があり、インタビューをまとめるのが遅くなってしまいました。やっとまとめたころに、鈴木学級の日記、詩文集が手に入り、またそれも面白く、これと合わせて、何とか形にしようと思ったのでした。それでまた遅れたのでした。その間に、鈴木先生が亡くなってしまいました。もっと、早く出すべきでした。

その日記、文集などは、当時の児童だった金子（斉藤）玲子さんを介して、飯田（鈴木）淳子さんから提供していただきました。淳子さんが、どんな思いで、これらを六十年もとっておいたのか、一度、手紙で問い合わせたら、返事がきました。難病と闘いながら、思うように動かない手で、震える指で、びっしりと用紙の裏にまで書かれていました。綴られた文字は、ほとんど判読不能でしたが、彼女の強い思いが伝わってきて、胸が熱くなりました。それを書いた淳子さんは、昨年、春、亡くなりました。コロナが収束しない中にもかかわらず、三十人もの同窓生が彼女を見送りに集まりました。「七重子どもの歌」の子どもたちは、六五年経った今でも、仲間だったのです。

鈴木雅男学級の二年間は「奇跡、奇遇だった」と斉藤玲子さんは言います。一瞬の輝きだったのかもしれません。しかし、それは鈴木学級の子たちみんなを照らしました。

ここで、本書の構成に少し触れておきます。掲載作品はすべて、一九五七年、五八年に書かれています。作者名は、姓が変わった人も当時のままとしました。

Ⅰ「稲の香りに包まれながら」は、五年二組の詩集『かしのみ』一、二、三号から選んで載せました。『かしのみ』は先生と子どもが作品を選んで、子どもがガリ版（謄写版）を切り、印刷したものです。その中から当時の暮らしや子どもの願いが強く伝わるもの、表現の良さなどを考慮して選びました。どの作品も生活に根を下ろした、ありのままの暮らしを表現しています。

Ⅱ「お茶摘みぐれ、できたらな」は、六年生になって出した『かしのみ4号＝日記・文集』をもとにして構成しました。四月から六月にかけての、当時の農村の子どもたちの学習と生活とその思いが、浮かび上がってくると思います。

Ⅲ「わたしたちにつながる人々のいとなみ」は、六年生一、二組全体で取り組んだ地域調べです。現在の総合学習のさきがけの意味を持っています。

Ⅳ「鈴木雅男先生に聞く」からは、一人の教師のなかに社会、歴史が刻み込まれていて、それが実践につながっていくことが読み取れると思います。

Ⅴ「鈴木学級で学んだこと」は、当時の児童だった斉藤（金子）玲子さんにお願いしました。子どもの興味関心に寄り添いながら作っていく、今に通ずる教育がここにはあります。

本書を通して、急速に失われてしまった、「近代化」される以前の農村の、子どもたちの姿、その暮らしと願いを感じ取っていただければ幸いです。

わたしは隣の学級の児童であり、直接には鈴木先生の指導に接することもほとんどなかったので、倉七重小学校、六年二組だった同窓生には、アンケートその他でいろいろ教えていただきました。千ケ崎弘司持哲也君には資料もいただきました。満州の阿片、教育については、学生時代の友人の千ケ崎弘司君から多くを教えてもらいました。千葉富里の、作文の会の日色章さんからは、相川日出雄関連資料をいただきました。これらの人たちの協力が、怠ける私の、後押しをしてくれました。ありがとうございました。

二〇二四年六月三〇日　今井成司

《目　次》

はじめに　3

I　稲のかおりにつつまれながら＝「詩集・かしのみ」より

1　はたらく子どもたち

むぎふみ　倉持美知子　12　／　私はがんばるぞ、畑うない　霜田直子　14
いねしき　飯田仁　16　／　やぎのちちしぼり　木村茂　18
いねこき　森平ふう子　20　／　とんがらしもぎり　海老原きみ子　22
水くみ　飯田忠之　24

2　家族への思い

ぼくのあんちゃん　倉持晴隆　26　／　ちっちゃいねえちゃん　木村由利子　28
ぼくと弟　倉持哲也　30　／　あんちゃん　張替澄子　32
にいちゃん　小島武　34　／　あんちゃんの記念　飯田忠之　36
とこやの父ちゃん　張替忠　38　／　やねやの父ちゃん　霜田直子　40
たばこを売ったあと　木村修　42　／　けがをしたあんちゃん　秋森房子　44

3　人を身近に感じるとき

目の見えないおばあさん　金子玲子　46　／　びんだらや　木村君子　48

4　空の高みに　あこがれて

べんてん様　飯田修　50　／　ぶらんこ　飯田仁　52

草を見て　野本喜代子　54　／　たんすのひきだし　海老原きみ子　56
ぼくのふでいれ　倉持晴隆　58

5　広がる世界

ジラード裁判　飯田忠之　60　／　お金のない日本　木村和子　62
人工えい星　倉持松男　64

6　わたしたち

わたしたちの学級　入江みな子　66　／　私たちの詩集　飯田淳子　68
学級会　森平ふう子　70

「かしのみ」（詩集）に見る鈴木先生の願い
よりよく生きること　本当のことを書こう……72

Ⅱ

お茶摘みぐれ、できたらな

一　お茶つみぐれ、できたらな……84
二　日照りの夏＝田植えと子どもたち……91
三　兵隊さんの遺骨を迎える……99
四　夜まで勉強した六年二組の子たち……102
五　作文で考えを深める……111

Ⅲ　わたしたちにつながる人々のいとなみ、『風土記』づくり

一　六年生共同での、学校としての取り組み……120
二　地域に根差すこと、誇りを持つこと……127

Ⅳ　鈴木雅男先生に聞く
おもしろかった 子どもは友だちだった こうして校歌が生まれた

一　満州で生まれて……133
二　代用教員となる……138
三　七重小学校への着任……140
四　中国革命の影響、世界とのつながり……154
五　良く歌った歌……156
六　家庭学習、やってこないとビンタ……160
七　作文、詩、文集……161
八　中国語の学習……163

Ⅴ　鈴木学級で学んだこと

恩師　斉藤玲子……166

あとがき　172　／　詩集『かしのみ』掲載作品　174

I

稲のかおりにつつまれながら

茨城県猿島郡　七重小学校５年２組（1957年）
子ども詩集「かしのみ」抄

1 はたらく子どもたち

むぎふみ

倉持 美知子

わたしはむぎふみのてつだいをした
いちれつふんで
うしろをふりかえったら
れつがまがっていた
こんなに曲がっていて
いまにめがでるかなと思った
何れつもふんでいくうちに
まっすぐにふめるようになった

解説

仕事の喜び

一一月になると、サツマイモを収穫した後に、麦をまきます。肥やしとまぜた種を、畝《うね》に落としていきます。それを、後から、足で土をかけながら踏んでいきます。霜柱で、種が持ち上がらないようにするためです。美知子さんがしていたのは、その時のむぎふみでしょう。下ばかり向いてやっていたので、列が曲がってしまったのです。でもすぐに気が付きました。少し遠く、先のほうも見ながら踏んでいくコツを覚えたのです（これは私の経験です）。

だんだんふんで行くうちに
もう半分いじょうもふんでしまった
この間、めが出たかと思って見に行ったた
めは足あとにぞっくり出ていたので
私はうれしくなって
家にかけて行った（一号）

この詩の良さは、何日かたって、畑を見に行ったことです。「足あとに、ぞっくりめがでていた」、その喜びを伝えたくて、家に走っていくところです。自分の仕事をこうして確認し、喜びを家の人とわかち合います。果たして、麦の芽の列は、曲がって生えていたのか、そんなことまで想像してしまいます。しかし、それもまた、晩秋の一つの風景です。まがった列からは美知子さんの姿も浮かんできます。麦は厳しい寒さの中でも芽を出すのです。「ぞっくり」という表現は、びっしりと芽がでていて連なっている様子をよく表しています。そして、様子だけでなく、うれしさも伝わってくる表現です。

私はがんばるぞ、畑うない

霜田 直子

わたしは
家の人に連れられて
三かく畑にいった。
まんのをもって
畑うないをした
せまいほうからうなっていった
だんだん広くなってくる
わたしはくたびれた。
いえのひとはだんだん進んで行く
私はまんのをもって

解説

父母と一緒だからがんばれる

三角形の畑がありました。山林《やま》の中などに、よくありました。多くは、狭い畑です。

茨城県の、ここ、南西部地方では、十五夜の晩に、

「大麦小麦、三角畑の、そば、あたれ」と歌って、巻き藁で、子どもたちが、庭の地面をたたいたものでした。モグラ退治のつもりだったのでしょうか。あちこちからその声が聞こえました。

その三角畑を、直子さんは、家の人と一緒に、まんのうぐわで耕します。きっと、子どもだから、端っこの方の、畝《うね》の短いところから始めたのでしょう。やがて長い畝にかかるころ、くたびれます。父や母のほうを見ると、どんど

負けないで
がんばるぞと思って
すすんでいった（一号）

＊まんの＝まんのうぐわ

ん進んでいます。「まけないぞ」と思って、また、まんのうを振り上げます。そばの収穫が終わり、ここに、麦をまくのでしょう。冬が来る前の大事な仕事です。父や母と一緒に仕事をしているからこそ、頑張れるのです。

最後の三行、「負けないで　頑張るぞと思って　進んで行った」に強い気持ちが感じられます。この詩のように、していることで終わるのは、美知子さんの、「むぎふみ」と同じです。これがイメージを強めています。行動で終わることで、鮮明に、様子を伝え、さらに強い気持ちをも伝えているのです。鈴木雅男先生のこのような指導があったのではないか、そう感じます。

いねしき

飯田 仁

ブウ、ブウ、ブウ
オオト三輪は
ほこりをたてて進んで行く
遠くなって行く道は
だんだん細くなる
ぬかるところで
車が、から回りする
どこを見てもほこりで真っ白だ
からだがガタガタゆれる
びゅう　びゅう

解説

稲の香りに包まれながら

田んぼから、稲を運び出すのは一苦労です。担いで、田のくろまで運び、それをまた、馬車やリヤカーに積み込んで家に持って行き、のろし（稲掛け）に掛けるのです。リヤカーの後押しは、子どもの仕事です。仁君の家では、オート三輪で、「稲引き」をしたのでしょうか。これだと、とても楽になります。

いねを積んだオート三輪に載せてもらって、仁君はうれしいのです。スピードが出るので、ほこりもたちます。たちまち、来た道が遠ざかり、細くなっていくように見えます。馬車とは違うなあ、そういう思いが伝わります。

稲束に乗っかって、運ばれていく体は、がたがたと揺れますが、「眠くな

風が車に当たる
ぼくはエンジンの音を聞きながら
ねむくなりそうだ（一号）

＊いねしき＝いね引き。刈りとった稲を馬車などに積んで持ち帰ること

りそうだ」と感じています。ここには、仕事を終えた後の満足感が、あります。稲の香りに包まれながら、心地よいひと時です。

馬車や、リヤカーから、オート三輪、耕運機へ、農村にも変化が訪れようとしていました。道はまだ、土で、ところどころに水たまりがあり、土ぼこりも舞い上がるでこぼこ道でした。

オート三輪のブウ、ブウ、ブウ、風のびゅう、びゅう。体で感じたままを表現することで、生き生きと躍動感を伝えています。また、「遠くなっていく道」、「細くなる道」、スピードを感じます。見たことをよくとらえて表現しているからです。

やぎのちちしぼり

木村 茂

ぼくは
ヤギのちんぼをしぼるのが
朝と夕くれの仕事だ
二本の手をいそがしく
右、左、右、左とうごかす。
おやゆびと人さしゆびに力を入れて
しぼるたんびに
ちー、ちーと音がする
一本糸をまっすぐに
ひっぱるようだ。（一号）

解説

日課としての仕事

ヤギの乳は、大事な栄養源だった。その乳しぼりが、茂君の仕事なのです。朝、夕、一日二回です。これは必ず、しぼらなければならないのです。遊んでいて、遅くなった、では済まされない大事な仕事です。しかも、指の使い方、ヤギの扱い方など、熟練も必要です。茂君が頼りにされていたのが、よくわかります。毎日繰り返される中で、コツを覚えたのでしょう。

「朝と夕くれの仕事だ」となっているので、この他にも、きっと仕事があるのでしょう。

「右、左、右、左と動かす」「ちーちーと音がする」。この詩は、現在形で書かれています。先の「稲しき」もそうでした。今、目の前でしている様に感じます。また、「朝と夕暮れの仕事だ」の文末のように「だ」で終わっていることで、仕事に誇りを持っているのが感じられます。「自分の仕事なのだ」と。「糸を引っ張るようだ」はまさにそう感じたことを表していて、見事な比喩となっています。夕闇迫る中で、ヤギのちちの白さがきわだちます。

当時、この地方では夕方のことを「夕つくれ」と言っていました。

いねこき

森平　ふう子

ゴーゴー、発動機がうなっている
発動機の前にいると
なんだか体がゆれるような気持ちだった
発動機のそばにいねがおろされている
見ているとまだ青いところもあった
母ちゃんはこいだ
稲をそばからそばから運んだ
見ていて私も運んだ
持ってみたらなかなか重かった
「母ちゃん、おもてんだな」

解説

家族総出での稲こき

農家にはどの家にも、広い庭がありました。何もない土だけの平らな庭です。ここは作業場になりました。ここで、肥やしを混ぜて、種まきの準備などをしました。また、葉タバコや穀物の天日干しの場所であったりしました。そして、子どもたちの遊び場でもありました。

秋になると、のろしに干した稲を下ろし、ここで、脱穀をします。

足踏み式脱穀機（ガーコン）に代わって、発動機が普及し始めました。地面（庭）に据え付けられた発動機は、大きな音を立てて、ベルトをまわし、脱穀機を動かします。地面も揺れます。

発動機が「うなっている」ので、大

「少し、なまのもあるからだよ」
少し運んだら
「運ばねでもいいいか」
「いいよ」
まだ、父ちゃんたちは
あせをぽたぽたたらして
いねこきをしている（二号）

きな声で、言わないと聞こえません。短い言葉と、きびきびとした連繋動作が、母と子の近さをもあらわしています。こうして家族はつながっているのです。

「父ちゃんたちは汗をぽたぽた垂らしていねこきをしている」。この詩も、最後は、していること、見ていることで終わっています。大変さと同時に、働くことの良さの表現になっています。

秋の庭に、収穫の音が響き、家族総出での仕事が続きます。近くの香取神社の森に、発動機の音が、すいこまれていきます。

とんがらしもぎり

海老原 きみ子

私は、毎日、夜
とんがらしをもぎる
たいてい
一かん九百ぐらいもぎる
この間
とんがらしもぎりをしながら
みかんを食った
みかんが食いおわるころから
くちびるのあたりが
ぴりぴりいたくなったので

解説

秋の夜の仕事

きみ子さんの家は、県道を渡って百メートルくらい西に行ったところにありました。だから、たまには、近くの綿屋の庭で、遊ぶこともありました。でもきみ子さんが夜まで仕事をしているとは知りませんでした。

土間のむしろの上で、乾いた枝を左手で持ちながら、右手で引っ張って、とうがらしをもぎ取っていくのです。一貫九百匁《め》といったら七キログラムはあります。大変な量です。毎晩、それをしているのです。きみ子さんの近所の同級生、和田すみえさんも「私は、いつも家にかえって、とんがらしをもぎります」「目も痛くなった、はなも痛くなったりする」、と詩に書いてい

水をのんだ
私は
とんがらしもぎりって
からくていやだなあと思った（二号）

＊一かん九百＝一貫九百匁《もんめ》

ます。きみ子さんは、とうがらしをもぎとった手でみかんを食べたので唇がぴりぴりしたのに、「とんがらしもぎりはからくてやだなあ」と言っているのが、おかしみを誘います。

でも、これが、大事な現金収入になるのです。「もぎ取った分だけお金をやるよ」。こんな会話もなされていたのでしょう。それが、「一貫九百匁」という重さに、現れています。でも、全額もらえたのでしょうか。そんなことは子どもにもわかっています。どんな話をしながら、とうがらしをもぎっていたのでしょうか。

しずかな秋の夜、とうがらしでぴりぴりする唇に、井戸水の冷たさがしみます。

水くみ

飯田 忠之

毎朝
冷たいつるべに手をかけて
「わっしょい、わっしょい」
と水をくむ
手にはつるべの冷たい霜がいっぱいかかる
「ああ、つめて、ああ、つめて」
と言いながら、くみたての水に手をひやす
まるで、南極にいるようだ
だって、
くんでから、一〇分ぐらいたつと

解説

水くみは子どもの仕事

ポンプならまだいいのですが、はねつるべの井戸です。竹竿をおさえて、井戸深く押し込んで、水を、おけにくい入れます。入ったのを手と目で確認します。それから竿を両手で、するすると持ち上げるのです。風呂にいっぱいにするには、何回も運ばなくてはなりません。これが子どもの仕事でした。大変な労働です。

冬の朝は、はなおさらです。竹竿の霜が手につきます。手はたちまちに冷えていきます。手袋はありません。その手を「ああつめて。ああつめて」と言いながら汲んだばかりの井戸水に、つけています。井戸水が外気温よりも暖かいからです。

冬の水くみもたいへんだ（二号）

またこおる

そうして、井戸端で歯磨き、顔を洗います。体も心もこうして目覚めるのです。

手桶の水がすぐに凍ってしまうことを「まるで南極にいるようだ」と忠之君は言っています。

当時、南極探検船の「宗谷」が、たびたび、氷に閉ざされ、ソ連の船、オビ号に助けられました。雪と氷の中で、南極に置き去りにされた樺太犬が、翌年に元気で迎えてくれたというニュースが大きく報じられ、私たちは、びっくりし、また、喜んだものでした。学校の講堂でやる巡回映画にはニュース映画がありました。「南極観測船宗谷は……」――ナレーションが、今も耳に残っています。

2　家族への思い

ぼくのあんちゃん

倉持　晴隆

おらちのあんちゃんは
とうきょうで働いている
東京にいく時に
「おれげ、何か、買って来て、くろよ」
と言ったら
「うん、買って来てやるよ」
と言って東京に行った

解説

短いことばにこもる強い思い

中学を出ると、半分以上が、東京方面に、就職しました。「奉公に行く」という言葉が、まだ、日常語として使われていました。

お盆や正月になると、お土産をいっぱい抱えて帰ってきます。弟や妹は、それが楽しみでした。そういう弟や、妹の喜ぶ姿を見るのは、また、あんちゃんや姉ちゃんにはうれしいのです。

あんちゃんは遠い（当時はそうだった）東京に行ってしまう。別れです。それなのに、気の利いた言葉がありま

家で時々
あんちゃんのことを思いうかべる（一号）

せん。「おれげ、何か買ってくろよ」。はっきりと、何がほしいということではありません。「うん、買ってきてやるよ」。もうこれで、気持ちはつうじているのです。「元気でやれよ」「頑張れよ」。そういう言葉は要らないのです。方言が二人の身近さを浮き彫りにしています。

「家で時どき、あんちゃんのことを思い浮かべる」、詩はここで終わっていても、思いは続いています。していることで終わる詩がここにもありました。

晴隆君は、運動会ではリレーの選手、そして、学級委員。中学では生徒会役員。私などには、まぶしい存在でした。その彼がこの作品を書いていたのです。NHK、朝ドラ「ひよっこ」は、この「あんちゃん」と同じ群像を描いています。

ちっちゃいねえちゃん

木村 由利子

私の上に、ねえちゃんが二人いた
だが、大きいねえちゃんきりいない
親せきの家に子供が一人もいない家がある
栃木県のほうだ
そこに、ちっちゃいねえちゃんは、もらわれていった
ちっちゃいねえちゃんは大変歌が好きだった
小さいころ
いろいろな歌やゆうぎをたくさん教わった

解説

歌や遊びの時どきに、姉を思う

別に、貧しくて、子どもを、人に預けたわけではありません。請われてもらわれていったのです。きっと、向こうでも、大事にされていたのです。

でも、分かれはつらい、ましてや、いっしょに育った姉妹です。何かにつけて思い出されます。いつまでたっても、「おらちの姉ちゃん」なのです。「由利ちゃん、ずいぶん、大きくなったなあ」。

もうこれで十分です。何も言葉が出なかったのでしょう。

後になってまたそのことを思い出します。そして、小さいころ、いっしょに歌ったこと、遊んだことを、夜になるとまた思い出されるのです。この詩

この間、宇都宮に行ったとき
小さいねえちゃんが
「由利ちゃん、ずいぶん大きくなったなあ」
と言ってくれた
その時、私はうれしかった

その日の夜
宇都宮に行ったことや、小さいころ遊んだ
ことを思い出して、
ひとりでになみだがこぼれてきた（一号）

も、「ひとりでに涙がこぼれてきた」で終わっています。ここに、由利子さんの思いがあふれています。

由利子さんは、六年生になってから、クラスの友だちの死を悼んで、また涙を流します。その詩が、卒業文集に載っています。

中学生になって、バレー部で活躍した彼女の姿を、私は、今でも思い出します。私が大学に入った翌年、帰郷した時にお会いしてちょっと話をしたのが最後に見た姿です。白い梅の花が咲いていました。

ぼくと弟

倉持 哲也

光男は
ぼくが学校から帰ると
「兄ちゃん、おんぶ」
と言う
まだ二つなのに、口がよくきける
おんぶというので、ぼくが
「やだ」
と言うと、ぼくをおさえて放さない
いくら待っても、放さないので
せややけて

解説

したことを書くだけで、気持ちが伝わる

弟を可愛がる哲也君の気持ちが十分に伝わります。また、兄を慕っている光男の姿も浮かんできます。その時の言葉と、したことには、気持ちが表れているからです。「かわいい」と書かなくても、したことでわかる。それが詩です。

哲也君の家は、私の家からは県道を渡って、少し入ったところ、畑に囲まれた、樫の木の屋敷林の中にありました。たまには遊ぶ仲でした。お父さんが学校の先生でしたが、農業もしていました。六年生の卒業文集には、哲也君は考古学者になりたい、と書いていました。

「こらっ」
とおこると、どこかににげてしまう
あまりかわいそうなので、
「光男、光男」
と言いながらさがして歩くと
後ろから来て
「わっ」
とおどかす
ぼくは、また、おこって
「こらっ」
と言うと
笑いながらにげて行く（一号）

高校は私と同じで、彼は、学校のマラソン大会にそなえて、冬の朝は、三キロの道を走って、学校へ行きました。私は彼のカバンを自転車の後ろに乗せて運びました。筑波山麓から、岩井の学校までの、三二キロ、彼は、準優勝でした。

あんちゃん

張替 澄子

あんちゃんは
去年学校をさがった
冬は仕事がないので
友だちと、土方に出ている
朝、五時半ごろ起きて
六時に出だす
母ちゃんも、五時に起きて
ごはんをたいたりする
六時に出かけて
夕飯ごろかえってくる

解説

一六歳で工事現場に

ちょうど、高度経済成長の始まる直前で、東京近郊の道路、団地、ビルの建設が始まっていました。一九五八年、利根川に橋が架かり、東京まで、日帰りが可能となりました。朝早く、マイクロバスが、たまり場に迎えに来ます。それに乗って、二時間ぐらいかかって、建設現場につきます。澄江さんのあんちゃんは中学校を終えて二年目、大人たちと一緒に、働きに行っていたのです。これが一家にとっては大事な、現金収入だったのでしょう。数年後には、これが当たり前の風景になっていきました。こうして村の男たちは、秋から春まで、建設現場で、働いたのです。うちの父も、兄もそうでした。

すぐ湯ばに入ってねる
ねんどみたいな土で
着物も白くそまる
まだ、なれない兄ちゃんが
大変だなあ（二号）

あんちゃんは、夕方帰ってきたら、風呂に入って、すぐに寝る。脱いだ着物には、白い粘土のようなものがびっしりついています。きつい労働なのでしょう。白い粘土は「どろのように眠る」を連想する言葉です。

　けがをしやしないか、大人たちに交じって、大丈夫か。澄江さんの心配は尽きません。

「まだ慣れないあんちゃんが、大変だなあ」。ここは「あんちゃんは大変だなあ」が普通なのですが、「あんちゃんが」とすることで、相手の身になっているのです。思わず、そういう表現になってしまったのです。

にいちゃん

小島 武

兄ちゃんは
おれ、四年の時に
東京へ行って、仕事をしている
東京へ行った兄ちゃんは
今、何をやっているんだべな
あとで、おれも
年賀ハガキやんべえ
と、思った（二号）

解説

電話もない時代 思いは強い

電話は、学校、郵便局などにしかありませんでした。「手紙」が大事な通信手段でした。私の家の裏の、明治半ば生まれのトミばあさんは、小学生のわたしに「せいちゃん、手紙読んでくれ」と東京の息子からの手紙を持ってきたものでした。五円もらって代筆も頼まれました。

去年、東京に行った兄ちゃんは今ごろどうしているか。声が届かないだけに、武君の思いが強くなります。おそらく、中学校を卒業して、すぐに、就職したのでしょう。

「年賀はがきでもやんべと思った」からは、正月でも休めない仕事をしていたのが、想像できます。正月には忙しい仕事、だったのかもしれません。

この詩を書いてから、一年後、武君は、六年生の卒業文集にはこう書いています。

「ぼくは中学校を下がってから、東京に行って、うんとはたらいて、家の人をらくにしてやりたいと思います。それから、ぼくは家にかえって、こううんきを買ってもらって、ひゃくしょうをしてうんとはたらきたいと思います。それで、家の人を楽にしたいと思います」

しかし、それから四年経つと状況は変わります。武君も私も、同じ高校に進学したのでした。

あんちゃんの記念

飯田　忠之

あんちゃんの記念はかみそりだ
のこぎりもついている
あんちゃんは
千葉県に奉公に行くとき
くれて行ったかみそりは
さびているが
えんぴつぐらいはとげる
のこぎりも切れる
このあいだ
あんちゃんに見せたら

解説

さびていても　記念品

奉公ですから、つらくても、耐え忍ばなくてはいけないのです。私の、叔母も奉公に行きました。縁故での就職ですから、いろいろ絡んでくるのです。「奉公先には、同じ年ごろの子がいていじめるんだよ」「でも、お前、我慢するんだよ」。そう言い聞かせる祖母の言葉も聞きました。それでも、ここにいるよりは良かったからです。

忠之君は、カミソリを使う年齢ではありません。五年生です。でもそれが、あんちゃんからの記念品でした。さびていても、「えんぴつぐらいはとげる」。それで十分だったのでしょう。それを使い続けている忠之君を見て、あんちゃんは、うれしいと同時に、弟をかわ

「はあ、ふるくなったなあ
こんど来る時は、小刀《こがたな》をくれるよ」
と、言ってくれた
ぼくはうれしくなって
「うん、くろよ」
と言った。（三号）

いく思います。小刀《こがたな》をくれると約束します。

　当時小刀は、男の子の、大事な遊び道具でした。これ一本あれば、弓も作れるし、チャンバラの木刀もできます。元気な男の子のかくし（ポケット）には、よく小刀が入っていたものでした。小刀を握りしめたときのあの感覚は独特でした。時どき、砥石を当てて、さびを落とします。持ち歩いていても、これをけんかに使う子どもはいませんでした。

とこやのとうちゃん

張替 忠

お父さんは
夜おそくまで
ねむそうな顔をして
仕事をしている
父ちゃんは
時々こんなことを言う
「いつまで仕事をやっているんだろう」
ぼくはそれを聞くと
かわいそうになる
ぼくが大きくなったら

解説

坊主頭の子どもたち

子どもがたくさん、どの家庭にもいました。床屋さんには行けない。そんな金はないからだ。それで、庭で、父親や、母親が、バリカンを持ちだして、子どもたちの頭を刈った。時どき、引っかかって「痛いよ」「あ、ごめん」、こんな光景があちこちで見られました。でも、バリカンさえもなく、坊主頭が伸び放題の子もいました。

忠君のお父さんは、そういう子を見かねたのか。ある時から、年に何回か、学校に来て、伸び放題の子どもたちの頭を、無料で、刈ってくれました。商売を度外視して、やったのです。伸び放題の子を先生が指名します。私も刈ってもらった一人です。プロの床屋さ

早く
らくにしてやろうと思う（三号）

んだから、ちっとも痛くはなかった。

そういうお父さんだから、疲れていたのでしょう。忠君は、楽にさせたいと思っているのです。

題名が生きている詩です。この詩の後には、鈴木雅男先生の「評」があります。

「忠君が、大きくなるまでは、どんなことをしたらお父さんやお母さんは喜ぶと思いますか。それは学校の勉強を一生懸命にやることです」

遠回りのようだが、しっかりと勉強してほしい、鈴木先生はいつもそう言っていたようです。

やねやの父ちゃん

霜田　直子

お父さんは
毎日、やねふきに出ている
今日は寒いから休め
と言っても
行ってしまう
帰ってくると
ああ、今日は寒かった
と言ってあんかに入る
明日は
はぎるだけだそうだ

解説

どっしりとした屋根を作る

多くの場合、わら屋根は、いっぺんに全部葺き替えるのではありません。今年は、南側、三年後は北側、というぐあいに、何年もかかって、全部葺き替えるのでした。使うカヤは、それに備えて、集めておきました。厚さが三〇センチもある屋根ですから、使う麦わらやカヤ、竹、縄も膨大です。

屋根ふきは、秋遅くから、春の初めにかけて、農閑期の仕事です。直子さんの家は農家ですが、屋根屋もしていたのでしょう。屋根葺きは近所の人も、集まって、掛け声をかけながらの仕事です。

冬は、北西からの空っ風が吹きます。屋根の上で強い風に吹かれながら、高

お父さんの仕事は
高いところでやるから
うんと寒いだろうな
と思う（三号）

いところでの、危険な作業でもありました。だから、直子さんは「休め」といいます。でもお父さんは休みません。「明日は、はぎるだけだ」。お父さんの満足そうな声を聞きながらも、直子さんは、高い、寒いところでの作業をまた心配します。

冬空の中に、葺き上がった屋根、きれいに切りそろえられた屋根の分厚い軒《のき》を見るのはとても、いい気分でした。三好達治に「太郎を眠らせ、太郎の屋根に、雪降り積む」という詩がありま す。雪が積もってもびくともしない屋根、頼もしい屋根。直子さんの父ちゃんも、きっと、そういう屋根を葺く職人の一人だったのです。

桶屋さん、建具屋さん、俵屋さんなど農業兼業の職人がどの村にもいたものでした。

たばこを売ったあと

木村 修

ぼくの家の
たばこ売りも終わった
この間
おもての父ちゃんが来て
「こっちんてら
うんとお金をもらって、大したもんだ」
「おらてら、こっちんての半分しかもらえない」
などと言っていた
父ちゃんは
おかげで様で

解説

葉たばこを納める日の喜び

学校でも、子どもたちは言いました。「おらほうは、今日、たばこ売りだ」。うれしそうでした。多くの農家にとって、確実な現金収入を得られたのがこの葉たばこだったのです。

葉たばこは、専売法で、たばこ生産組合のもとで、厳しく、管理・統制されていました。一本でも余計に植えたりできません。納品にもきびしい規定があり、それに沿った形で仕上げます。

それがやっと、売れるのです。秋も深まるころ、馬車に積んで、町の専売所まで運びます。代金をもらって、旧正月用品などをどっさり買って、帰ります。子どもたちはそれが楽しみでした。「おかげさまで、お金をあげてもらっ

お金をあげてもらったとうれしそうに言っていた（三号）

＊たばこ＝葉たばこ、春から夏にかけて栽培。夏は葉を天日干しで、秋には、たばこの原料に仕上げる。
＊おもて＝本家

た」というのは、品質が良かったので、高い値で引き取ってもらったということです。

　夏は庭一面に、魚のうろこのように葉を並べて干します。雷の多い地方です。昼下がり、北西の空が暗くなってくると、大急ぎで、干してあるたばこを、納屋にしまいます。長い縄にさして干したので、しまうのも一人ではできない。子どもも手伝います。一度でも、雨に当たったりすると、品質（等級）が落ちるのですから。大変な思いをして、仕上げます。「おかげさまで」には家族への感謝と、自然への感謝があるように感じます。

　穏やかな、冬の日の、ひと時、縁側での会話でしょう。夏の日の苦労を忘れる瞬間です。

けがをしたあんちゃん

秋森 房子

あんちゃんは今
けがをして
石毛の病院に入院している
にいさんがめんどうをみてやっている
方々の家や先生方が
おみまいに来てくれた
学校の友達もみんな心配している
むだにはいけないし
私が行ってもかわいそうで
行けない

解説

見舞いにも行けない、つらさ

大きなけがなのでしょう。方々の家から見舞いが行く。しかも少し遠い石毛の病院です。それだけでも心配です。見舞いに行きたくても「無駄にはいけない」。五年生では、一人では行かれないのでしょう。

先生が見舞いに来た。あんちゃんは中学生なのでしょうか。

このころは、学校での体育などで、けがをすることが多かった。そんな記憶がある。仕事でのけがも多かったように感じる。私の弟は、自転車で三人乗りして、指先が削られる大けがをしました。

房子さんは、教室であんちゃんのけがのことを話したのでしょう。友だち

はやくあんちゃんが
なおればいいなあと
いつも思っている（三号）

も心配しています。自分も、心配で、見舞いに行きたい、でも「かわいそうで」行けないと言います。あんちゃんがかわいそうなのでしょうが、それを見る自分もつらい。そういう気持ちだったのでしょう。

「早く治ればいいなあといつも思っている」。それしかできないこともまたつらい。

「にいさんが面倒を見ている」という表現から、兄がたくさんいて、上が「にいさん」、下が「あんちゃん」だということが想像できます。木村由利子さんの「ちっちゃい姉ちゃん」と同じような表現です。

病院のある石下町は、長塚節の『土』の舞台になったところです。

3 人を身近に感じるとき

目の見えないおばあさん

金子　玲子

たなのばあさんは
よく目が見えない
わたしが社会の調べに行くと
「おばあさんらハア、目が見えねえ
まごのたかしこと
よく見たくても見られね
話をすんのが一番いい」
と口ぐせのように言う

解説

話が好きな年寄り

ちょっとした病気では、医者にはかかれなかった時代でした。田の草取りで、稲の葉先で、痛めた目に、私の母は、みょうがの根っこの汁を垂らしていました。父は、冬になると、あかぎれで、指先がパックリとわれ、そこに、松やにをあぶって、溶かし込んで、治療していました。

年老いて、目がだんだんと見えなくなったおばあさんでしょう。玲子さんが、社会科の勉強で、お話を聞きに行くと「話すのが一番いい」と言ってく

「おばさんら小さいころ
　ここらはどうだった」
　と聞くと
「今のように学校にも行けないし
　洋服もなかった。
　自転車などめずらしくて
　大さわぎするものだった」
　しんみりした顔で言っていた（三号）

れます。前向きの言葉に、ほっとします。

　明治時代の初めごろ生まれた、特に、女性は、学校に行けなかった人が多かったのでした。私の祖母は、二年生まで、で終わりでしたから、字が読めませんでした。裏のばあさんもそうでした。でも、良く話はしました。今の人よりも、記憶は確かでした。数少ない経験を、しっかりと覚えていたのです。話すことで記憶を作っていたのだと思います。「たな」、とは以前に雑貨などを商っていた家のことでしょうか。私たちの部落（地区）にも、「たなのうち」がありました。

　六〇年後の今、このような「調べ学習」「聞いてまとめ、考える学習」が学校教育・総合学習で一つの課題となっています。鈴木学級では、すでにそれが行われていたのです。

びんだらや

木村 君子

びんだらやのおじいさん
毎日びんだらあみしている
見てると
びんだらあむのが
ひじょうにじょうずだ
びんだらをあむと
ひりょうのところへ出す
そして、トラックが来て
はこんでいく
ものすごくたくさんつんでいく

解説

職人のわざに見入る

子どもたちは見るのが好きです。私たちは、学校の帰り、自転車屋の前で、パンク直しをしていたりすると、その場にしゃがんで、見ていたものでした。タイヤを、くるくるとはずす技に見とれました。水につけて、パンクの箇所を見つけるのが実験みたいでおもしろかったのでした。

秋になると、ざる職人が来て、庭にむしろを引いて、ざるやかごを作りました。竹やぶから採ってきた竹を器用に、細く、ひものようにするのがまた、不思議でした。ほうき職人も来ました。竹の枝や、もろこしの穂をもらっていきました。代わりにほうきを二、三本おいていきました。

私はそれを見て
あんなにあめるのかと思って
びっくりした（三号）

きみ子さんは、びんだらやのおじいさんの仕事を見ています。器用な手さばきに、見とれています。トラックに積むところまで、見ています。

「あんなに編めるのか」からは、素直な驚きが伝わってきます。

実は、同じ小学校に通っていても、きみ子さんと私の家では五、六キロ離れています。間に一つ地区をはさんで反対側です。そういうわけでか「びんだら」というのが、何なのか、分かりませんでした。かめや酒びんなどを包む俵（びんだわら）のことと想像しています。

4　空の高みに　あこがれて

べんてん様

飯田　修

べんてん様は
ぼくの家から
一軒おいたところだ
ぼくはべんてん様うらの
太い木のてっぺんまで登った
そこからは
筑波山、日光、富士の山々が見える
その木に登ったのは

解説

弁天様も遊び場だった

「弁天様」は森と湧き水のある池で知られる富田の守り神です。修君は、その弁天様の、高い木に登って、いい気分です。近くには筑波山、遠くには富士山まで見えます。ここまで登ったのは、まだ僕以外はいないぞ。思わず微笑みがもれたことでしょう。後で、友だちに、自慢できるぞ、そう思ったかもしれません。

「天狗山の天狗になったようだ」という気持ちが、よくわかります。三六〇度、ずうっと遠くまで見えるのですから。

まだぼく一人だけだ
その時、ぼくは
てんぐ山にいるてんぐになったような気がした
木に登って方々をながめていると
東の方から
てっぽうぶちがやってきた
ぼくは
鳥とまちがえられて、うたれたら大変だと
木からいっさんにかけおりた（二号）

でも長続きはしません。鉄砲撃ち（猟師）が、東からやってくるのが見えます。天狗だったはずが、鳥になってしまいました。「一散に駆け下りた」、が、この落差、急変を表していて、おかしみを誘います。

「東から」という表現にも、何か、感じるものがあるのでしょうか。やってきたのは、知らない鉄砲撃ちだったのかもしれません。初冬に猟が解禁されると、都会から犬を連れた鉄砲撃ちがやってきたものでした。

六〇年たって、今の子たちは、あまり、木登りはできません。そして「東」「南」などの方角を表す言葉も、作文や詩に、ほとんど見られなくなっています。

ぶらんこ

飯田 仁

ぶらんこは
ギーギーうなりながら動いている
青空高くとんでいくみたいだ
赤や茶や黄色い色した
木の葉がぼくの顔や体にあたる
空にはいくつかの雲が
ぽっかりういている
赤とんぼが
青空の中を
すいすいと飛び回っている

解説

秋の色に染まりながら

空気が澄んで、山も林も空も木も葉っぱも、色鮮やかな季節です。

元気な男の子の仁君は、力いっぱい、ブランコを漕ぎます。ギーギーと耳に響く音。顔に当たる、赤や茶色い木の葉。遠くの空の雲、すいすいと飛ぶ赤とんぼ。全身に秋を感じています。

体が大きく揺れて、自分もトンボと一緒に、青空を飛んでいる、そう思える瞬間です。

仁君は「いねしき、オート三輪」の作者です。あの詩では、エンジンのひびく音、野良道で揺れる車、細くなっていく道、眠気を誘う稲束の上。仁君の詩は、体の感覚器官がフル稼働しています。この詩でも、青空、赤や茶や

ぼくもとんぼと一緒に
青空をとんでいるみたいに
ゆらり　ゆらりと
空のほうへ持ち上げられる（二号）

黄色の葉っぱ、白い雲、赤とんぼ。色彩豊かです。これが、「生きているなあ」という喜びを伝えているのです。

草を見て

野本 喜代子

赤とんぼが飛んでいる日の
あたたかい日でした
私は野原に出て草をながめていた
そして私の頭に
赤とんぼが飛んできた
私は頭に手をあげべえ
と思っていたら
いつの間にか
赤とんぼが飛んで行ってしまった
私は、草を見て心の中では

解説

少女のうれい

「草を見て」という題が面白い。考えさせられます。

秋の暖かい日。草原で、喜代子さんは、赤とんぼを見ます。頭にとまった赤とんぼに手をやろうとすると、トンボはもういません。

何かをつかみかけようとしている、秋の日の少女がここにいます。

表現も微妙です。「私は草を見て、心の中では、とてもあの日は、気持ちがよかったなあと、後で思った」という書き方です。あの日はとても気持ちがよかったんだ、あの草を見ていた時は、と後になった今、思い出して、位置づけている。私はそう読みます。

後になって、気づく、今までとは違

とてもあの日は気持ちがよかったなあ
と、後で思った
また今度の日曜日に
行くことにした（二号）

った気持ちよさ、心地よさ。あれはいったい何だったのだろうか。だから、また、行ってみようと思うのです。もう赤とんぼはいないかもしれません。しかし、草を見て、また、少女はこの日の光景を思い出すのかもしれません。心象風景が美しい、そういう年ごろになったのです。

五年生の子がこの詩を書いたことに、私はおどろいています。喜代子さんが六年生になって書いた「田植え」の日記にも、豊かな詩情があふれています。

たんすのひきだし

海老原　きみ子

母ちゃんに
たんすのひきだしを一つ
もらった
そのひきだしに
夏物や冬物をいっぱい入れておく
なかなか開けられないくらいだ
母ちゃんは
夏物などいれておくからだ
という
でも私は少しになるのはいやだから

解説

自分の物をしまっておく

このひきだしは、お前に任せるよ。好きな時に出して、好きなものを入れていいんだよ。

こう言われるとなんだか大人になったような気がしてきます。

もう冬だから、夏物はどこかへしまえばいいのに。それでは、中が寂しくなります。開け閉めが不自由でも、いっぱい入っていたほうがいい。充実感を味わいたいのですから、それでいいのです。

でも、高いので、何が入っているのか、中が良く見えません。いちいち引き出して下ろします。もっと背が伸びたら、そう願っています。「早く大人になりたい」。

そのままにしておく
まだ、ひきだしにとどくのはやっとこさだ
だから中のものが取れない
はやくとどくといいなあ（三号）

多くの子の共通の気持ちでした。

引き出しに、自分のものをしまっておく。外からは見えません。このひきだしは、「自分の心」を暗示しているのでしょう。でもそれは自分でも簡単にはのぞき見ることはできないのです。

六年生になっての、きみ子さんの六月の日記（「文集かしのみ」四号）には、田畑の仕事のために、学校を朝からひまをもらう（早退する）話が書かれています。もう、働き手としても、期待されていたのです。

ぼくのふでいれ

倉持 晴隆

ぼくのふで入れは
もう破けてしまった
長持ちさせようと
ばんそうこうをはった
だが、方々やぶけているので
えんぴつが出そうだ
ふでいれの中のえんぴつや消しごむも
こんな家には入りたくない
と言っているだろう
だが、待ってろよ、お前たち

解説

大きな家に住みたい

多くの子が思っていました。藁屋根やトタン屋根の家ではなく、かわらぶきの家に住みたい。土壁がむき出しになっている家ではなく、板壁の家がよい。家を見れば、経済的な状態が、一目瞭然でした。

だから、私は、担任教師の「家庭訪問」は、とても嫌なことでした。すべてが分かってしまうからです。

晴隆君は、破れの出たふで入れに、ばんそうこうを貼って使っています。兄弟もいて、「買ってくれ」とは言いにくかったのでしょう。「お古」を使うのが当たり前の時代でした。

破れから、はみ出てくるえんぴつを見て、晴隆君は、そこに自分の姿を見

今に、大きな家を買って
りっぱな家に住ませわてやるぞ
それまで待っていろよ（三号）

ているのです。ふでいれを、自分の家に見立てていたのです。自分を、消しゴムやえんぴつに例えています。「待っていろよ、お前たち、大きな家を買って、住まわせてやる」

この力強さがこの詩の命です。境遇に負けないぞ、そういう思いがこもっています。大きな家に住みたい、立派な家に住みたい、は多くの子の願いでもあったのです。しかし、私などは、晴隆君のようには、それを力強く歌えませんでした。むしろ思いを、隠し、押し殺していました。

「本当のことを書こう」、鈴木先生の指導が生きている作品です。

5 広がる世界

ジラード裁判

飯田 忠之

ジラードは
日本の女の人をころして
さいばんで五年のかんごくにきまった
少したつと、それが
〝しっこうゆうよ〟だと聞いた
その〝しっこうゆうよ〟とは
かんごくに行かなくてもすむというといういみだと
先生から聞いた

解説

日本という国

群馬県相馬が原の米軍基地での出来事でした。地元の主婦が、演習場で薬きょうを拾っていただけなのに。拾い集めて、それを売ることで、生活の足しにしていたのに。それなのに、後ろから銃で撃って殺したのです。アメリカ兵、ジラード。だが、裁判は「執行猶予」。すぐにアメリカに帰ってしまいました。裁判の前から、判決内容は日米の密約で決まっていたのでした。

忠之君は、ジラードは、女の人を「殺した」と書いています。五年の「監獄」

ぼくはこれでは
日本はアメリカの子分のようだ
と思った
早くそんなことはやめてもらいたいと思う
（一号）

に決まった、とも書いていて、厳しい言葉です。それなのに「執行猶予」とはいったい何だったのか。「日本はアメリカの子分」だから、仕方がないのか。その理不尽さに怒っているのです。「かしのみ一号」には、永野勲君の「ジラード」も載っていて、「ちくしょう、にくいやつだ」と怒りをぶつけています。

今も、沖縄では、日本の税金で、辺野古の海を埋め立て、アメリカ軍のための新しい基地の建設がずっと強行されています。あれから、六〇年たった、今も、です。私たちの暮らしは大きく変わりました。でも、忠之君の書いた関係は、いまだに続いています。

お金のない日本

木村 和子

小さな国の日本でも
社会で習ったのは
戦争に負けて
たくさんの人が殺されてしまった日本は
もう戦争をやめて
いろいろなきかいを研究し
世界一りっぱな国になれば
びんぼうな家の人も
会社、工場の人も
今までよりりっぱな家になるでしょう

解説

学びが希望につながるとき

それほど、広い耕地ではない。それでも、農作業は大変でした。大人が、鍬で、いくら耕しても、一日に一反歩ぐらいしか耕せません。手はマメだらけになってしまいます。子どもたちもそれを見ています。

和子さんは、六年生になると、日記に、こう書いています、

「畑に、お姉さんとお母さんに、弁当を持って行った。……お母さんとお姉さんの二人が畑でおかぼの草をとっていた」。「毎日良い天気が続きます。家の人などは『雨がふらないので困った』などと言っています。水くれをしないでおくと枯れたり、麦刈りやほかのしごとをやっていると、稲が枯れたりし

田んぼや畑を
一日に一町も
きかいで一人でやれば
これからの農家はもっともっと暮らしが楽
になってくるでしょう（一号）

＊一町は一ヘクタール（一〇〇メートル四方の広さ）

て、大変困ったり、忙しいことです」。「朝早くから田んぼに水くれをやっている家もあります」（六年生・六月）。

すべて手作業でした。和子さんは、こういう現実をいつも自分のこととして、大変だなあと、見ています。だから社会科での学習はどこかの誰かの話ではなく、自分たちの事として、目を輝かせて、先生の話を聞いていたのでしょう。鈴木学級では、理想や希望が、授業の中で語られ、それが自分たちの現実と重ねて、子どもたちには受け止められたのでしょう。

この詩を読んで「ぼくらの村」（詩集『山芋』一九五一）を思いだしました。農業の近代化を夢見た少年の詩です。

人工えい星

倉持 松男

ソ連で第一号、第二号と
人工えい星を打ち上げた
新聞なんかにも載っている
一号のは、機ばかりだ
二号のは、犬を入れて打ち上げた
米国でも打ち上げるそうだ
一号のと二号のでは一号のほうが速いそうだ
二号に乗っていた犬は死んだらしい
ソ連で今度三号を打ち上げるそうだ
だんだんと世の中も進んで来て

解説

空を見上げた子どもたち

一九五七年秋のことだ。わたしたちが、はだしで、地べたを走り回っていた時代、すでに地球を離れたものがあった。スプートニク一号。ソ連が打ち上げた人類初の人工衛星。

夕方になると、見えるらしい。そんな噂を聞いて、私も空を見上げました。放射能雨を降らせた空を、今度は、科学の希望の空として眺めたのです。「あれだあれだ」、それらしいものを見つけて大騒ぎしました。

ロケットの速さは、秒速一一・二キロ以上でないと、地球から外へは出られない。重力ってなんだ。アインシュタイン。学校の帰り道、友だちとこんな話をしたことを今も覚えています。

ふしぎに思う（一号）

スプートニクショック。アメリカでは、ソ連におくれまいと、急速な開発が進められ、大陸間弾道弾の実験など、米ソの軍事競争はますます拡大していきます。

日本の学校も、科学技術の向上を目指す「系統的な学習」へと、教育内容が変わっていきました。工業高校への進学が話題となりました。私たちは、中学校に入ると、三学級編成となり、三六人学級へと変わりました。この年、学級定数が、五〇人以下となったためでした。

わたしたちの農村もまた大きく変わろうとしていました。「だんだんと世の中も進んできて、不思議に思う」という松男君の言葉が新鮮に響きます。

でも、変化は、ずっと後になって気づくもの。凡人の私には、そうでした。

6 わたしたち

わたしたちの学級

入江 みな子

わたしたちの学級にも
委員長さんがいる
そうじのとき便所そうじでこまっている事
朝はみんな
「つめてなー」
と、言ってそうじをやらない人がいる
水道の所にばっかり集まる
「便をとれ」

解説

嫌だった便所掃除

学校の便所掃除も子どもたちがやりました。私たちの一組では、家庭科の授業の中で便所汲みまでさせられました。

冬はぞうきんを洗いしぼるだけでも大変です。だから、みんな水道のところに集まっているのです。蛇口は一つですから、「順番待ち」と称して、さぼっていたのです。

学級委員長は、とうとう怒って「五〇秒以内に便をとれ」と脅します。でも、みな子さんは、抵

委員長さんが言った
私はなかなかとらない
「五〇のうちにとらないとデッキブラシで顔をふくぞ」
と言った
今日もまた、手ぬぐいをかぶらない人がいた。（二号）

抗しています。「私はなかなかとらない」。強いですね。みな子さん。それで、怒りながら委員長さんがとったのかもしれません。だから、学級委員長にはなりたくない、私などはそう思っていました。

当時は、庭掃除が人気でした。裏庭の掃除です。先生の目が届きません。箒を振りまわしていれば、時間が来ます。ただ、時どき先生が見回りに来て、箒のめ（掃いた跡）がないと叱られたものでした。それで、上っ面だけほうきでなでて掃いたように見せかけることもありました。

水道は井戸水をモーターでくみ上げるものでしたが、設置数は少なく、ポンプで水をくんで使っていた記憶が残っています。

私たちの詩集

飯田　淳子

私たちは詩集を作った
もう一号は作ってしまった
みんな上手な詩ばかり
私はこんな上手な詩が
私にできたらいいなあ
と思った
そろそろ第二号の詩集を作る
こんどはだれが二号にのるのかなあ
と私は思った
私も今度はよい詩を作って

解説

「私たち」と言える関係

「私たちは詩集を作った」とはじまります。誇らしい表現です。この時代、自分たちで選んで、詩集を作るなんて、考えられないことでした。「そろそろ二号を作る」。やる気満々です。

この「かしのみ二号」には、「私たちの学級」というテーマの詩が多い。私たち、と言える関係が育っていたのが、となりの組だった私にはうらやましい。

詩集第一号は、五年生の一一月下旬に出されています。子どもたちが中心になって作品を選び、ガリを切り、製本した文集です。だから「私たちは作った」と飯田淳子さんは書いているのです。彼女は編集委員だったのでしょう。たとえ、直接作成にかかわってい

第二号にのせてもらおうと思っている(二号)

なかったとしても、意識としては、「いっしょに作った」という気持ちがあるのです。一体感が、この言葉を生んだのです。

ふだんの暮らしを書くことが、こんなに面白い。しかも全部本当のことなんだ。心の中の本当もある。それを文・言葉にすることで、また新しく見えてきたものがある。こんな感覚だったのでしょう。だから、自分も書きたい、載せてほしいと思ったのでしょう。

詩を読む中でも「わたしたち」という意識が生まれていったのかもしれません。だから、一二月発行の二号には「わたしたち」の詩がたくさん掲載されていたのでしょう。子どもたちの心のつながりが育っています。

学級会

森平　ふう子

議長さんが前に座っている
空は青々として暖かい日だった
わたしたちの組は　学級会をしている
議長さんが
「何かありませんか」
と言って、どんどん進めて行く
今は、そうじ当番についてやっている
八分団の人は
「一月も便所やってんだから、とっけてもらいたい」

解説

学級会が楽しい

当時は、時間割には、はっきりと「学級会」というのがありました。

ふう子さんは、いい気分で、「私たちの学級会」を見ています。空は青い、暖かい日です。便所掃除を一ヵ月も続けていた班が異議を申し立てます。それでやっと、新しい当番が決まります。ああよかった、みんなの顔も楽しそうです。話し合いで解決する良さ、楽しさがあるようです。

ここにも「私たちの学級」が姿をのぞかせています。いい学級なんだ、そういう思いがあるからこの詩を書いたのです。

この詩は後三行ほどあったのですが、そこには、女子ももっと発表すればい

などと質問している
ようやく、そうじ当番が決まった
今週は、新しくそうじができる
みんなは楽しそうに
質問している（二号）

＊分団＝班・グループのこと

いのに、ということが書かれていました。
「わたしたち」に収録した、みな子さん、淳子さん、ふう子さん、この三つの詩は、すべて、五年生、一二月発行の二号の作品です。二学期の終わりになると、学級としてのまとまりが生まれてきたことが分かります。第一号がそれを醸し出す力になったのではないかと考えます。

詩を書き合い、読みあう中で、「私たちの学級」が出来上がっていったのかもしれません。

司会ではなく、「議長」と言っているところは、鈴木先生の指導でしょう。これは、自分たちで決めるのだという会議の性格を表しているようです。

『かしのみ』（詩集）に見る鈴木先生の願い
よりよく生きること　本当のことを書こう

1　手ごたえを感じた児童詩の教育

「かしのみ」第一号は、昭和三二年（一九五七年）一一月、一号、一二月、二号、翌年二月、三号と立て続けに出されている。五年二組の手作りの詩集だ。

どれにも、目次や、前書きなどもない。これは子どもたちが手さぐりで、作ったことを意味している。教師・鈴木先生は、助言した程度にかかわっていたのだろう。ガリ切版（謄写版）で、子どもの手で書かれていて、誤字もあり、田舎の言葉遣いそのままである。

しかし、二号には、最後のページに「先生からみなさんへ」がのっていて、教師がどのような願いをもって指導していたかを見ることができる。また、三号になると、教師の「作品評」が所々に書かれていて、子どもたちに、この詩の良さ、何が大事なのかを語っている。こう見てくると、初めは、とにかく作品をそのまま紹介することでよかった。やがてその作品で何を指導していくかを教師自身が学んでいった、その過程が見えてくる。それは、一一月に一号、一二月に二号、二月に三号という勢いにも表れている。おそらく、この時期、教師はここに手ごたえを感じていたのだろう。教師としては、やりがいのある瞬間である。三号の「あとがき」からもそれが読み取れる。

「第三号が出ました。こんどは、作品は少ないが、どれもよい作品ばかりだと思います。ほかの先生方もこの詩を見てみんな上手なのに大変感心していましたよ。特にみんながいろいろなことを取り上げて詩に歌っていることに驚いておられたようです」

鈴木先生は、職員室で、ほかの教師たちにこれらの作品を見せ、その反応を喜んでいる。これがまた、自身への励みになったのだろう。実際、私が選んだこの詩集抄にも三号からのものが一番多い。

「評」も三号から登場した。短い詩の、後ろの空いた部分に教師が付け足した感じで載っていて、これもまた、手探りだったことを感じさせる。ここだけは教師の文字である。

鈴木雅男先生の願い、理想とは何だったのだろうか。「あとがき」や「作品評」からそれが見えてくる。

二号の「あとがき」はこうなっている。ここは、教師がガリを切ったものである。

2　本当のことを書こう

先生から皆さんへ

いよいよ、かしのみも、みんなの努力で、第二号になりましたね。先生もこんなにうれしいことはありません。

詩を作ること。それは、みんなの本とうの目で、本とうの心で、ものを見たり、感じたりしたことを、うたうことです。みんなのまわりを考えてみましょう。また、毎日の新聞やラヂオを見たり聞いたりしていると、いろいろなきたないこと、まちがっていることやおかしなこと、美しい話や、やさしいことがありますね。それをみんなが、感じたとおりに、にくいと思えば、ちくしょうといい、だめだと思ったら、だめ、とはっきり歌うこと、これがみんなにとって何よりも大切な心がまえだと思います。この気持ちをどこまでものばして行くために詩を作るのだと思います。

次に、みんなに読んで、考えてもらいたい詩を一つ書きましょう。これは、千葉県のお友だちの詩です。

どて

栗原 美智代

ずうっとつづいているどて
おみなえしやすすきのはえているどて
高いどて
どてから、ななえ（むらの名）がみえる
先生が
「土手の下は、馬がでられないようにほってある」
と言った。
遠くの方のすすきが
風に吹かれてゆれている
わあ、長いどてだなあ
どてはむかし
ひゃくしょうが作った
武士に言われて作った
野馬が、すすきの中を走っていたり
草を食べたりしただっぺな
土手のわきに
ちゃこい　はか石が三つ
古ぼけておいてある
てんぽう六年
あんせい五年
きょうわ三年
ふるい竹のぼっぽうに
かれた花がさしてある
ほねになったむかしのひゃくしょうが
この下にいべえ
野馬のいたのはむかしのこと
野馬どりのにんそくや

ほねおったひゃくしょうたち
今は、どてばっかり残っている

「これはきっと、歴史の勉強の好きなおともだちでしょうね。江戸時代の武士の世の中のころは、自分の村のようすはどうだったのだろうと、どてを見て考えている詩ですね。そして、そのころ、おひゃくしょうさんがどんな苦しい思いをしてきたか、じっと深く考えているようですね。とてもいい詩だと思います。（鈴木雅男）」

この詩からは、私たちの暮らしや命がずっと昔の人たちからつながっていること。人々は苦しい中でも、たくましく生きてきたこと。それらが、身の回りの物や事柄から学ぶことができること。それらを見つけ考えることで、また私たちもしっかりと生きて行くことができる。その大事さが分かる。鈴木先生の言葉はそれを語っている。

この時期、鈴木先生は、全国各地の子どもたちの作文や詩にふれる機会があり、この詩が目にとまったのだろう。自分の教室の子たちも、こういう子に育ってほしい。これが自分が目指す教育なのだと思ったに違いない。だからこの作品を子どもたちに与えたのではないだろうか。

3　千葉県の相川日出雄先生の文集との類似

どこから、鈴木先生は、この作品「どて」を見つけてきたのだろうか。千葉県、冨里村（現在の富里市）に「七栄＝ななえ」という地名がある。そこで、私の友人で、千葉県富里市で教師をしていた日色章さんに、聞いてみた。冨里は、江戸時代から、馬の放牧をしていて、周りを「土手」で囲っていること。

それが、今でも残ってる、という。地形的にも、谷地と台地の入り組んでいるところであり、私たちの七重村に似ている。

この時代、一九五〇年代、千葉県、冨里小学校には、子どもたちに詩・作文、社会科の調べ学習を精力的に指導していた教師がいた。相川日出雄さん。全国的に知られた人である。日色さんが、相川さんの発行した学級文集『やづの子ども』（四年生・一九五三年）を見つけて送ってくれた。そこにはこの「どて」の詩は載っていない。しかし、鈴木雅男先生は、相川さんの指導作品を何かで見たのではないか、そういう思いを強くしている。『やづの子ども』の詩のページは、教師、相川のこういう言葉で始まっている。

「みんなも詩が作れるようになったよ。
ほんとうのことを、心にピンと感じたことを、短い言葉で書くんだよ。
そうすればいい詩ができる。」

その「やづの子ども」から、詩を一つ紹介する。

夕方

四年　ふせしげみ

かあちゃんは、まだ田んぼをやっていた。
田んぼのかたまっているつちをやあこくしていた。
「かあちゃん、もうまっくらになるからけえんべや」
とぼくがいった。
ぼくのせなかでねんこがねている。
かたがいたい。
「はらへったよ」
とかあちゃんがいった。
かあちゃんのあしのほうはどろだらけ。
むねのほうもどろんこがはねている。
川ぐりのほうのうちがぼんやりみえる。
もうじきまっくらになる。

子どもたちへの呼びかけの言葉。「ほんとうのことを」は、鈴木先生とおなじである。飾ったり、偽ったりしないで、自分の言葉で、本当のことを書くことを勧めている。

相川日出夫先生の『谷津の子ども』(四年生)には詩のほかに作文、なかには、算数の計算の仕方の説明作文もある。

社会科の授業（討論）の記録も出ている。それをそのまま引用する。

◎とうろん

「農業のはじまったころは、谷津（谷地）と台地ではどっちが大事か」。

谷津が大事だと思う人と、台地が大事だと思う人に分かれてとうろんした。

・手をあげたときにさす人を決めた。

みんな一度に手をあげると分からなくなるから。

・さす人（ぎ長と言います）中山　幸子

ぎ長はどっちにもつかないやくそくです。

——はじまり　はじまり

・おや、もう手があがりました。

ぎ長「みっちゃん」

みつ子「台地にすめば、しか　くえるからいい」

守「水なくちゃ、しんじゃうべ」
とよ子「台地なくちゃ、どこにすめばいいんだい」
てる子「その代り、こめ　作れる」
みつ子「やづにすめば、かやなくて、めしたけねえど」
和枝「まもちゃん、米みんな、くっちゃったらこまるど」
フミ子「しか、まいんち、とれたって、米あればいい。谷津で魚採れる」
とよ子「どこにすむだい」
守「谷津、高くすればいい」
和枝「なんでやっだ」
てる子「つちにきまってら」
和枝「なんのどうぐでやっだよ」
守「手でやる、大勢で、がけぶっこして」
みつ子「やづにがけねえど」
（中略。話し合いは、水がなくてどうするか。もし獲物が取れないときはどうするか、へと進んで行きました。まとめはこうなっています。）
・とうろんしたおかげで、谷津も大地も大事だと分かりました。
だから、とうろんすると、正しい考えが出てきます。討論というのは、みんなで一緒に考えることだね。とうろんて、おもしろいねえ。でも、ごうじょっぱりはこまるなあ。

これを、ここに紹介したのは、鈴木先生の教室と似ているからだ。鈴木先生の教室でも、学級会では司会ではなく議長と言っていた。また社会科では、討論をしている。斉藤玲子さんは「利根川に橋がかかると岩井はどう変わるか、それとも変わらないか」についての討論会を、授業参観で行ったことを覚えていると言う。千葉県富里の相川先生と、直接的な、関係はなかったのかもしれない。しかし、先の「どて」の詩や、この社会科の授業を見ると、何かの本や教育雑誌で学んだことなど、間接的な関係を、推察することができる。それに、同じ、下総の子どもたち。言葉などもほとんど同じだ。

4　考えること、学ぶこと

鈴木学級『詩集・かしのみ三号』は、五年生の三学期、二月二〇日の発行となっている。この三号になって初めて「作品評」が、子どもたちの詩の後に短い言葉で、書かれている。どんなことが書かれているかを見ていくと教師の願いが、浮かんでくる。

(1) 子どもの生き方を励ます

義文君の詩は、お母さんに、犬を飼ってもらえなくて「いつまでもすねていた」と書かれている。それに、鈴木先生はこう、評を書く。

「なぜ、お母さんがだめだと言ったのか、良く分けを聞いてみることが大切です。すねるのはまずいね。」

相手の話を聞くこと、そのわけを考えることを教えている。すぐに、よい、悪いを判断するのではなく、何か理由があるに違いない、そこから考えてみよう、そう言っている。そこから共通点が見つかるかもしれないからだろう。相手の立場も入れて考えることを教えている。

この作品のすぐ後に、もう一つ、義文君の詩がのっている。お母さんの肩たたきをして「義文はもむのがうまいな」とお母さんが言う。義文君は「あしたもまた、はたいてやるよ」と言った、という詩だ。評はこうなっている。

「義文君が、かたはたきをしたら、お母さんがどんなにうれしいか、よくわかる詩ですね」。「だから〇〇しましょう」とは書いていない。ここから、子どもは考えることができるからだ。先の詩では「すねるのはまずいね」と評を書いている。その、すぐ後で、これを載せているのも、子どもへの配慮を感じる。読む人に、一つのことで、子どもを固定的に見てはいけない、そう教えてもいるようだ。これで、おそらく、義文君も納得する。

（2）現実を見ながら、希望をもって生きること

晴隆君の「ぼくのふでいれ」は、古くなって破れてかけ、あちらこちらから、鉛筆がはみ出ている。それを見ながら、晴隆君は、えんぴつや消しゴムに言う。「待ってろよ、お前たち、立派な家を買って、立派な家に住まわしてやるぞ」。力強い詩だ。

評はこうなっている。

「晴隆君、この、大きな希望を忘れずに、きっと立派な人になってくださいね」

木村由利子さんの詩は母の手と自分の手を比べている。そして、赤く傷ついた母の手が、私の手を「のんびりとした間抜けな手をかわいそうとでも思っているのかな」と結んでいる。それへの評。

「由利子さんも、今に、お母さんの手に負けないような働き手になりましょうね」

張替忠君の「床屋の父ちゃん」には、こういう評が出ている。

「忠君が大きくなるまでに、どんなことをしたら、お父さんやお母さんは喜ぶと思いますか。それは学校の勉強を一生懸命にやることですね」

父や母を見ながら、将来のことを考えて、夢、ではなく現実的な、希望を、鈴木先生は応援している。

倉持哲也君は、このことについて、忘れられないことがあると言う。

背の順に、一列に並んでいるときに、鈴木先生が言ったんだ。「前から一〇番まで。お

前たちは体が大きくない、だから、肉体労働には向いていない。勉強しなくてはいけないね。体を使わなくてもいい仕事に、つくんだよ」と言ったんだ。これは、その通りだと思ったのだろう。今でもよく覚えているよ。

長塚節の「土」は、この近くの石下町の、小作の百姓の貧しい暮らしを赤裸々に描いている。貧しさが、心をせまくし、人格までをゆがめていく。明治と昭和では、年代は変わるが、私たちの住む場所も、やはり、半封建的な土地柄だった。それらを見ている鈴木先生は、将来のことを考えたら、子どもたちに、学んでほしい、かしこくなってほしい、そういう願いを、強くもっていたのではないか。

東井義雄の『村を育てる学力』が出たのは、ちょうどこの年、一九五七年だった。

Ⅱ

お茶摘みぐれ、できたらな

「日記・文集」に見る学びと暮らし

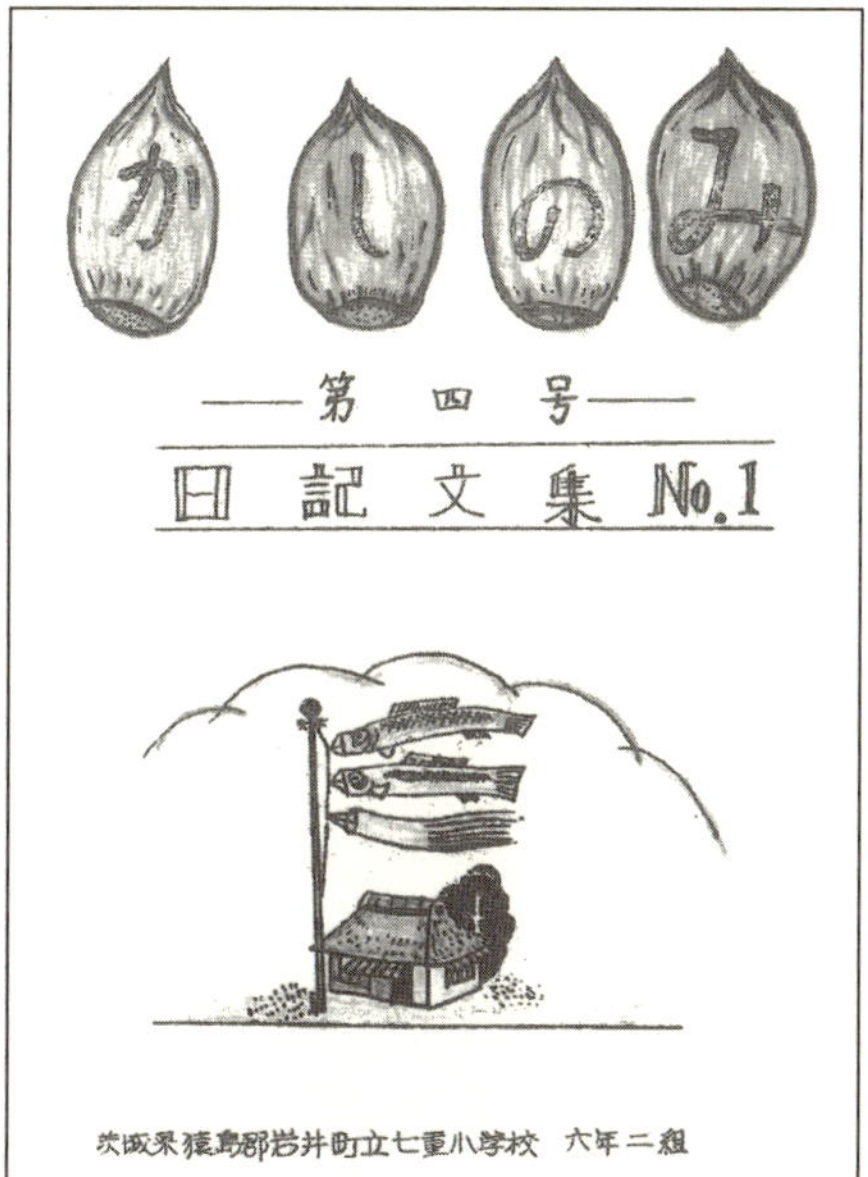

一　お茶摘みぐれ、できたらな

猿島地方は全国的に知られた茶の産地です。ここの茶は、明治の初期に、辺田村（現・坂東市）の中山元就が中心になって、この地に栽培を広め、当時は、どこの農家にも茶畑があり、貴重な現金収入を得ていました。

私たちが中学生だったころ、教師の風見先生が教えてくれた「茶摘み音頭」は今も耳に残っています。おそらく彼女の作詞、作曲によるものでしょう。記憶のままに書き出してみました。

茶摘み音頭

つんだ　つんだ　つんだ
茶の葉をつんだ
つんだ茶の葉を
小かごに入れりゃ
今年ゃ　茶の芽が
今年ゃ　茶の芽が

伸びました
つんだ　つんだ　つんだ
茶の葉をつんだ
つんだ茶の葉に
ちょうちょがとまりゃ
今年ゃ　茶の葉の
今年ゃ　茶の葉の
量がある

茶畑

ここに歌われている茶摘みの季節に書いた日記を載せたのが「かしの実四号」（七重小学校六年二組・鈴木学級、六月発行）です。昭和三三年の春から初夏にかけての農家の暮らしが、この文集からは読み取れます。子どもたちと先生が日記から選び、ガリを切り、印刷したのは子どもたちです。当時、このように、子どもたちの自主的な活動として文集活動があったのは、驚きです。どれを載せようか、と選ぶことがすでに、考えること、観点をもって読むことを促します。友だちの姿を思い浮かべます。出来事を想像します。自分と比べます。文章の良い書き方に気付きます。優れた教育方法です。隣の組の児童だったわたしは、二組でこういうことをしていることを全く知りませんでした。

1　入院した母

ここに掲載されてる日記で、いちばん多いのが、家族とのかかわりです。飯田淳子（すみ子）は、私の近所の同学年です。たまには遊んだ中でした。うらの畑に出れば、二百メートルぐらい先に淳子の家が見えました。

五月一九日　晴れ　　飯田すみ子

一八日の朝ごろだった。母ちゃんは「はらいてから、ねっから、夕飯のしたくを早くやっておけよ」と言った。

私は「うん」と言った。母ちゃんはねた。そして夜になって、母ちゃんは急にいたがった。その晩のことだった。母ちゃんはもどしている。私は眠れなかった。その夜はすぎ、朝になってもいたがっている。それなので朝早く、兄ちゃんは岩井のタクシーをよんできた。タクシーの運転手は「どこのいしゃへ」と言った。父ちゃんは、「岩井の協同病院へお願いします」と言った。父ちゃんと母ちゃんはタクシーに乗っていった。私はそのタクシーをぼんやり見送っていた。

そして学校の授業が始まった。私は母ちゃんのことを思うとおちおち勉強もできなかった。授業も終わり、家に帰った。妹だけが家にいた。私は「母ちゃんは」ときいたら、妹は、「まだ、きねよ」と言った。それから二、三時間すると、兄ちゃんが自転車に乗って家に来た。私はすぐ兄ちゃんに「母ちゃんは」と聞いたら、兄ちゃんは何となくさびしそうに「母ちゃんは、盲腸で入院したよ」と言った。私は胸がどきどきとはずんでくるようだった。

田舎のことです。この時代、どこの家にも車などありません。町からタクシーを呼ぶなどということは、まったく珍しいことで、よほどのことでした。学校から帰り、ひとりいた妹に、淳子（すみ子）は「母ちゃんは」と聞きます。妹は頼りになりませんが、そう聞かずにはいられないのです。兄が帰ってくると、またすぐに「母ちゃんは」と聞きます。「もうちょうで入院したよ」と答える「さびしそうな兄」の姿は、自分、淳子の心の反映です。

そう言う読み取りがあったからこそ、鈴木学級の友だちは、この日記を選んで「かしのみ」に載せたのでしょう。

2　心に残る、母のつぶやき

この日から二週間くらいたったころの、淳子の日記が出ています。これを見ると、お母さんが退院しているのがわかります。

六月三日　火　　飯田すみ子

今日は学校も早く終わったので、いそいで家に帰った。それで、仕事は、後のつまへ、お茶つみに一人で行ったら、家の人が麦あげをやっていた。そして、お茶を半分もつまないうちに、父ちゃんが「すみ、もう、中はんだから、家に行ってお茶わかせ」と言った。私は「うん」、と言って、家にかえってすぐにお茶をわかした。そのうち、父ちゃんや兄ちゃんも畑から帰ってきた。

*早く帰ったのは農繁期の短縮授業による。

*後のつま＝はしっこの方にある畑。

*農家では、この時代には、三時ごろに中飯《ちゅうはん》を食べた。

六月三日　火　飯田すみ子

また、中はんを食ってから、妹と私はリヤカーにのっていった。お茶をつんでいると、みな子ちゃんちのお姉さんが通った。私は、「さようなら」といいべと思ったが、はずかしくって、いえなかった。それから少したつと、次男君らちの父ちゃんが、真っ黒にひげを生やしたような顔をして、麦を引いていた。その後から、次男君がおして来た。そして麦はリヤカーからおっこちそうだ。次男君らちのお父さんが「もう少しで家だから、おっこちんな」と言った。そうこうしているうちに、もう五時になってしまった。わたしは、妹と家に帰った。私はすぐに夕飯のしたくをした。夕飯のしたくが終わると、お茶を売りに行った。私は、五〇円しかつめなかった。私がつんだお金を見せたら母ちゃんが「お茶つみぐれ、できたらな」と言った。私は、お湯を入っていた。そして母ちゃんの言ったことが、心にしみて、私の心は、一り出に、「神様、母ちゃんをお守りください」と言っていた。（原文のまま。六月三日の日記なのだが、文集には分けて別

のページに載せてあったので、ここでも分けて載せた）

読んでいて思わず涙が出てしまいます。こういう日記を、子どもたちが選んで載せたことにも、子どもたちの心の成長がうかがわれます。確かな目が育っています。

この日記では、初めのほうには、母ちゃんは出てきません。父ちゃんと兄ちゃんが畑から帰ってきた、と書いてあるので、母ちゃんは畑に行かなかったのかな、と想像できます。それが、後段ではっきりします。

夕方、すみ子は、摘んだお茶を売りに行きます。私の日記を見ると、実は同じところに、前日は、私も売りに行っていますが、私は、そのお金をもらって喜んでいました。淳子は、もらってきた五〇円を母親に見せます。それを見て、母親は自分も「お茶摘みぐれ、できたらな」とつぶやきます。盲腸の手術の後なので、働けない、みんなに済まない、子どもでもできる茶摘みもできない、情けない体になった、そう言って、子どもにわびているのです。淳子は、湯（風呂）に入ってから、その言葉を、もう一度、思い返して、そういう母ちゃんを、神様に「母ちゃんを守ってください」と祈ります。家族を思う気持ちが、湯気と一緒に湧き上がっていきます。

次男君のお父さんの描写もまた、秀逸です。日記ですから、くわしく書く必要はありません。的確に場面を、とらえています。「真っ黒にひげを生やしたような顔をして」一生懸命に、麦をいっぱい摘んだリヤカーを引いている次男の父ちゃん。通り過ぎたと思ったら、後ろから、リヤカーを押して次男の姿があらわれます。見事な描写です。重くてリヤカーがゆっくりと動いているのがこれでわかります。「もう少しだから、落っこちんな」と次男の父ちゃんが、リヤカーの上の麦に呼び掛けている姿からは、おかしさとともに、必死さ、真剣さが読み取れます。後押しをしている次男も同級生です。リヤカーを引いている次男の父ちゃんは、広島で原爆で被ばくしました。便所に入っていたので命は助かったそうです。その父ちゃんが喘ぎながらリヤカーを引いている姿が浮かんできます。

六年二組のこの文集を編集した子たちは、きっと、自分たちの暮らしと重ね合わせていたのです。ほんとうのことだ。ここにわたしたちがいる。遠くの本当ではなく、ここにある本当。その確かさ、重さを感じ取っていたに違いありません。

◎コラム：農繁期でも遊んでいたわたし

すみ子の母親が入院した話は、私の家でも話題になっていたはずだが、そのころの私は遊びに夢中で、私の日記にはそのことが書かれていない。その日はこうなっている。

六月三日　月曜日　晴

田んぼへあそびに行った

功ちゃんといたら元くんとゆたかくんがあそびにきた

元くんはぶっつしばりをもっていた

まいにちよい天気なので水はからからになっていた。ぶっつしばりをかりていびがにをとってやった　おもしろいほどとれたのでぼくもぶっつしばりをかいたくなった我ながら、ひどい文章だ。句読点がありません。「功」と兄の名前も、間違って書かれている。えびがにを「いびがに」。方言丸出し。ほとんどひらがな。遊ぶことばかり考えていた。翌日の日記には、茶摘みでもらったお金で早速「ぶっつし針」を買ったことが書いてある。農繁期短縮中に遊んでいたのに、この日記を提出しても、担任教師からは何も言われなかった。

二　日照りの夏＝田植えと子どもたち

六月上旬は、農家は極めて忙しい時期でした。麦刈り、田植え、茶摘みが重なります。学校は「農繁短縮授業」でした。子どもも農作業の手伝いをしました。

1　あぜの上で食べるごちそう＝弁当運び

この「かしのみ4号」には、野本喜代子の日記も出ています。詩「草を見て」の作者です。

六月八日（日）　野本喜代子

日曜日なので、家の人も田植えをしました。私は、おちゃや弁当をもっていきました。

「父ちゃん、弁当持ってきたよ」

と言いました。私は弟といっしょに、もう一度
「弁当持ってきたよう」

と言いました。田んぼの中でお父さんの手が上がりました。父ちゃんはこしをのばしながら、
私の方を向きました。お母さんは、すげがさをとりながら言いました。

「喜代子、おもたかったでしょう」

みんなは、弁当のまわりにこしを下ろしました。おじさんは
「どれどれ、おいしいごちそうを食べるかな」

とおじさんはひろげました。

「ずいぶん、おいしそうですね」

と、おじさんが言った。弟にもはしで一つとってやりました。

私は家で食べてきました。

みんなおいしそうに食べました。


家族総出の田植えです。子どもたちの仕事は、苗運び・苗配り、それに、このような弁当運びです。風呂敷に包んで家から田んぼまで、運ぶのです。「弁当持ってきたよ」と声をかけても広い田んぼです。声が届きません。いや、田植えに集中しているので、お父さんには、聞こえないのです。それでまた「持ってきたよう」と今度は弟と一緒に大きな声で呼びかけます。わかった。お父さんの手が上がります。腰を伸ばして、顔がこちらを向きます。お母さんも田植えの手を休めて、菅笠をとりな

がら「重かったでしょう」とねぎらいます。絵のような光景です。田んぼの畔の上で、弁当を囲んで、家族の昼飯です。さわやかな緑の風の中に、家族の姿があります。おじさんとはおじいさんのことです。家で食べてきた弟だって食べたくなったのでしょうか。

これは日記ですので、指導したわけではないのでしょうが、たくまずして、このような見事な表現が生まれたのです。「草を見て」（「かしのみ」2号）に見られた感性が、ここでは豊かな情緒性へと発展しています。

2　水がなくて田植えができない

喜代子の田んぼでは、田植えができたのですが、この年、五・六月は日照りで、田植えがなかなかできない家が多かったのでした。次は、同じころの、私の日記です。

六月一日　晴れ

今日は、日よう日だ。わたやで、井戸ほりを手伝った。暑くて中中やりきれなかった。（略）

六月三日　晴れ

田んぼに遊びに行った。（略）まいにちよい天気なので、水はからからになっていた。（略）

六月八日　晴れ

ぼくは井戸ほりを見た。ほり終わってから、ひがるで、水を出そうと、はつどうきとひがるをもってきて、鉄かんをいれた。中々水が出ないので、見ているぼくたちを、おこった。ぼくはなぜ、水が出ないのかと思った。

*ひがる＝ヒューガルポンプのこと。発動機につけるポンプの事を私たちはこう呼んだ。

この地域では、田は少なく、そのほとんどは、やつだ（谷地田）で、用水施設が整っていない、雨（天水）頼りの田んぼが多かったのです。田植えの時期、六月に雨がふらないということは致命的です。それで、水汲み、井戸掘りで何とか田植えをしようとしていたのです。先の野本喜代子の家の田んぼは、鵠戸沼の干拓地だったのでしょう。ここだけは、灌漑用水が通っていたから田植えができたのです。

鵠戸沼の干拓地。水田が少なく、米がほとんどとれない農民の悲願であった鵠戸沼の干拓は、戦前から行われていた。多くの困難を乗り越えて、昭和 30 年に干拓が完了。用水・排水設備が整備されて、610 ヘクタールの田畑が生まれた。

『かしのみ四号』には「雨がふらなくて田植えができない」という記述が目立ちます。

六月四日（水）晴　　木村和子

毎日よい天気が続きますが、家の人などは「雨がふらないのでこまった」などといっています。水くれをやったり、水をくれないでおくとかれたり、麦刈りやほかの仕事をやっていると、いねがかれたりして、たいへんこまったり、いそがしいことです。学校へ行くとちゅうなどでも、お父さん、お母さん、お姉さん、お兄さんなどが、朝早くから水くれをやっている家もあります。いっしょうけんめいあせを流して、水くれをやっています。なかには、いねを植えてすこしかれたり、植えない家がたくさんあります。私の家でも、まだ、麦かりでいそがしいので、半分ぐらいしか植えていません。そのほか、また、おかぼの草取りを家の人やほうぼうの家でやっています。

和子は、六月一日にも書いています。「ねこじの井戸へ、言ってみろ」と姉に言われて見に行きました。「行く途中に、ねこじのお姉さんやお兄さんがたくさんの水が流れているのを見ていた」「近くに行ってみると水がごうごうと流れていた」。ここは水があっていいなあ、という思いが伝わります。田植えができるかどうか、和子は、それがずっと気にかかっていたのでしょう。

3　不動様に「雨ごい」したおじいさん

田んぼに掘った井戸から水を汲めれば、近所、親類の人たちも一緒になって、集中的に田植えをしました。

六月一五日（日）　倉持哲也

今日は、ぼくの家の田植えです。もうとっくに、水さえあればうわっていたのに、水がないので今日うえるのです。きのうからしんたくの五郎ちゃんとおけやどんの定男さんと生子の高司ちゃんが水をくれました。定男さんは足がいたいので、こううんきをたかしちゃんにわたして、しろかきをした。けえどのやい子ちゃんとおじさんはまわりをたがやしている。父ちゃんはなえ運びだ。なくなると、みんなはしろかきのすんだ田んぼになえをうえて行く。中でも、しんたくの五郎ちゃんだ。しろしてあれば、一日一反目もやっちゃうという人だから、一くびりぐらい見てるまになくなってしまいます。みんなでも、五郎ちゃんにはかなわない、といっている。おわると、五郎ちゃんだのは、「雨なんかふらねよ、こんやだって」というと、おじさんは「おれは、ふどう様おがんでいるんだから、わかるんだ」と言った。ぼくも、あのもようじゃふらねべ、と思った。ところが、夕方、いな光とともにらい様がなりだし、雨がふってきた。とたんに雨がぶつかってものすごいありさまです。おじさんは「だから、おれいったとおりだ」と言った。

哲也の家は、私の家から県道を渡って、四百メートルほどの距離です。ここに登場する人たちは、ほとんど顔見知りです。哲也のお父さんは小学校の先生でした。それに農業もしていました。だから、日曜日にはこうして、家族総出で、しかも近所の人にも手伝ってもらって田植えをしたのでしょう。隣村、生子からも手伝いが来ます。水がないので、「おけやどん」の定男さんが前日から機械を持ってきて近くに掘った井戸から水を汲んで田んぼに入れておいたのでしょう。五郎ちゃんの田植えの手際の良さに哲也は感心しています。ひとくびり（苗、一束）ぐらい、見てる間に植えてしまうからです。おじさんというのは、おじいさん（祖父）のことです。田植えが終わると、雨談議が始まります。みんなは「降らない」と言いますが、おじいさんは「おれは不動様にお願いしているから、分かる」と言います。哲也は、「降るわけはない」と思います。ところが夕方、雷が鳴り、トタン屋根に大きな音がしています。大雨です。その音を聞きながら、「おれが言ったとおりだ」とおじいさんは言います。哲也の感想はありません。そこがまた面白いところです。

この日は、桶屋どんの定男さんは忙しかった。私の日記にも登場しています。

「おけやどんの定男さんがこううんきに載せてくるから、田んぼにってみべやといった。僕たちは大よろこびで田んぼへ行った」

という記述があります。おそらく、建具屋さんの田んぼに、耕運機に積んでいった機械で水を入れた、ということです。それが、私たちには珍しかったので、見に行ったのでしょう。私の日記にはこの日は「晴れ」となっていて、夜、雨がふったことは書いてありません。

4　雨を喜ぶ子どもたち＝授業は中断

わたしの日記で確認すると、この後も、一日を除き、ずっと晴れでした。

子どもたちも、哲也のおじいさんと同じように、雨がふることを願っていたことが分かる日記があります。わたしの日記です。

七月一日　火曜日　雨

学校で社会をやっていたら雨がふってきました。まるでだれかが水をまいたようにものすごくどたどたふってきました。

みんなまどぎわによってがやがやとさわいでいました。まるで見んな目をかがやかせていました。先生はせきへつけといいました。

雨はなおもはげしくふってきました。

どこの家の人もよろこんでいるとおもった。（原文のまま）

社会科の授業中、急に雨がふってきたのです。授業中にもかかわらず、みんなは、窓辺に集まり、がやがやと騒ぎながら雨を見ています。「どこの家の人もよろこんでいると思った」は、がやがやと騒いでいる声を集約した思いだろうと感じています。

この年、私の家では稲作は不良だった。収入も少なく、冬になって、牛を売ることになった。モウ、モウと鳴いて、畑道を、村の馬喰に曳かれて行く牛を見ながら、「いやだよう」と弟は祖母にすがって泣いた。翌日馬喰の息子は新品の黒いジャンバーを着て登校した。「おらちの牛で儲けたんだな」。少しだけくやしかったが、仲良しには変わりなかった。

三　兵隊さんの遺骨を迎える

経済白書が「もはや戦後ではない」と、うたって、話題を呼んだのは昭和三一年でした。だが「戦後」はこの村では、続いていました。昭和三三年、戦争が終わってから、一二年たっていたのに、戦死した兵の遺骨の帰還式があったのです。鈴木学級六年二組の「かしのみ四号・日記文集」には、「遺骨を迎えた」が載っています。四つの部落（地区）で戦死者の遺骨迎え式が行われたのでした。

四月十五日（火）晴　飯田仁
今日は朝から風がふき出した。午後はせんぼつしゃのいこつむかえです。七重で四人のいこつがきました。部落べつに、きめていこつをむかえました。そのころは風もやんでしずかでした。白い布につつまれたいこつをしんるいの人にだかれてこられました。だれもがなみだを流さぬものはなかった。ぼくたちもかわいそうになりました。家の人はどんなにかなしいことでしょう。

「かしのみ四号」に掲載された飯田仁の日記
（子どもがガリ版で製作した）

遺骨を迎えるときになると、風も止んだ。遺骨は白い布につつまれて、親類の人に抱かれて来られました。だれも涙を流さぬものはなかった。簡潔な文に、その場の様子が凝縮しています。仁は、富田部落です。六年生代表として、参加したのでした。

四月一五日　晴　　倉持　哲也

マイクで、今日一二時までに、兵隊で、死んだ人のいこつをむかえに行くと言った。上出島では、加とう先生が、六平どんに行くことになった。先生は「道がよくわからないから、哲也、先に立っていけ」と言った。六平どんについたらだれもきていなかった。それから、一列にならんで、みていると、じろさんが、いこつを首にさげて、目をつむっているようなかっこうで、あるいてきた。ぼうしをとった。その後、みんなで、六平どんの庭に行ったら加とう先生が、「哲也、小学校代表としてでるんだぞ」といった。ぼくはひやっとした。次々に名前がよばれていく。中学校代表どの、といったときまた、ひやっとした。小学校代表どのと、言ったとき、心をおちつけて礼をした。僕はみんなのやるとおりやったらうまくできた。

＊マイク＝校内放送をこう呼んでいた。

部落（地区）担当の教師が代表者を引率していたことが分かります。六平どんのじろさんが、遺骨を首にさげて目をつぶっているような格好で歩いてきた。様子をよくとらえています。

次も、同じ上出島の、野本節夫の日記です。

四月一五日　晴　　野本節夫

半谷、富田、出島、三村《みむら》の四部落は、この日、兵隊さんのいこつをむかえた。死んだ兵隊さんの家に行きました。お国のためになくなった兵隊さんは、もう、天国です。戦争なんてつまらないことをして日本全国の人々が死んだ。気のどくな兵隊さん。だれが戦争をはじめたんだろうと、ぼくは思った。

三村《みむら》の倉持美知子は父親の話を書いています。

四月一五日　火　晴　　倉持美知子

今日、三時間授業をしてから、半谷、富田、上出島、三村の人たちは、せんそうでなくなった、かわいそうな人たちのいこつをむかえに行きました。三村の人たちは、○○（判読不明）先生といっしょにいきました。天理様でしました。かなしいふえをふいている中で、みんなかわりばんこにおがんでいた。いこつむかえは、天理様でしました。私は、父ちゃんからなんかいか、戦争の話をきいたことがある。戦争をしているときは、いつ、しぬかわかりません。父ちゃんはこういっていました。どうせ、戦争でしぬなら、どんな家でもいいから、家の中で死んでみたいといっていた。でも、私の家のお父さんは、ぶじに家に帰ってくることができた。

英霊ではなく「死んだ兵隊さん」になって帰ってきたのです。それにしても、小学校からも、部落代表として、六年生が参列していたとは驚きです。戦後一二年たっていました。私たちは一一歳でした。

満州で、生まれ、育ち、中国戦線に兵士として参加した鈴木雅男先生と、ほぼ同じ世代の人たちが戦死して遺骨となって帰ってきたのでした。鈴木先生は、どんな思いでこの日記を読んだのでしょうか。私たち六年一組からも、代表が参加したはずですが、私は、まったく覚えていません。

四　夜まで勉強した六年二組の子たち

卒業文集（昭和三四年三月）を見ると、六年二組の子たちは「放課後の勉強で遅くなり」家の人に叱られた、「夜遅くまで勉強していると、寝ろ、寝ろといわれました」というように、遅くまで勉強していた子がたくさんいたことが分かります。

1　総合学習の先駆け＝満州での経験から

家に帰っても仕事の手伝いをしながらも、勉強した鈴木学級の子たち。その一人、飯田淳子の「日本の貿易」という学習の記録が残っています。六年生の一学期、およそ一ヵ月間の社会科の学習をまとめたものです。画用紙の表紙がついていて、そこにはカラーで、絵も描かれています。最終的にまとめたのは、六月一九日、となっています。

淳子の「日本の貿易」は、「私たちは、五月の中ごろから、今日まで、日本の貿易の勉強をしてきました」とはじまっています。中は、次のように、一から六までに分かれています。

(1) 日本の貿易を勉強して

・輸入の現状、原料が多い。輸入品目。
・輸出の現状、工業製品。輸出品目。
・まとめ。加工貿易国。

(2) 明治初めのころの貿易

「そのころは、まだ日本は、農業国であった。そして、外国へ輸出するものは、国内でできる生糸、茶などの農産物。輸入品はイギリス、アメリカなどの進んだ工業国で作られた綿糸や綿布などです」とはじまり、外国の不審をかい「不平等条約」を押し付けられたことが書かれています。

(3) 日本の貿易を勉強して（大正から昭和）

・紡績工業、豊田佐吉……工業の発展。
・原料、綿花、羊毛を輸入。
・製品、絹織物、綿織物などを輸出。
・第一次世界大戦で、たくさんもうけたこと。
・関東大震災の大きな被害。
・満州事変

大正・昭和の前半を、このように歴史をおさえ

ています。

(4) 日本の貿易を勉強して(第二次大戦の起こったわけ)

以下に、全文を掲載します。(原文のまま)

第二次世界大戦のおこったわけは、日本が日本の国だけでは足りなくなって、すぐおとなりの、中国に目をつけて、中国のまんしゅうを、せんりょうしてしまって、これだけでは足りないと、日本は中国、ぜんぶをせんりょうしようという考えがおこった。これを知った、世界の人々は、あんまり中国がかわいそうだというわけで、世界の人は、中国の味方になり、日本はみんなにやられてしまった。一九四五年の八月に終わった。それからというもの日本は実にみじめな国になってしまった。

私は、(こんな考えを起こさなければ、日本はぶじだ)と思った。そして、この第二次世界大戦をやらなかった国は、スイスだけだったそうです。スイスはもう戦争はやらない事に決めた。それから貿易は、まず、アメリカの食糧の輸入から始まった。

(5) 日本の貿易を勉強して

ここは戦後の工業原料の輸出・輸入の割合が、円グラフで、示されています。

円グラフは、赤で輸入、白で国内産となっていて、見やすい。円グラフの中央には、羊、ドラム缶などの絵も描かれていて、一目で何についてのグラフか、分かるようになっていて、工夫がなされています。取り上げているのは、おもな工業原料、石油、羊毛、綿花、鉄鉱石、石炭、パルプの六つです。

（6）日本の貿易を勉強して（これからの日本の貿易）

ここも全文掲載します。（原文のまま）

> 工業国と原料国。アメリカは、工業国でもあり、原料国でもある（工業国、日本、イギリス）。ところが、原料をたくさん輸出していて、加工品を買っている国もあります。こういう国は、原料国と言われている。（インドネシア、エジプト、インド、オーストラリア）などは、いま、工業国にしようと、いっしょうけんめい、努力を続けている。
>
> これからの日本の貿易、日本は、原料の少ない国ですから、外国から輸入しています。そして他の国でも、同じものを輸入して作っているときには、これと競争していくためには、できるだけ良い製品を作ることが大切です。また、安いものではなく、相手国の様子をよく調べて、人々が今、どんなことをしているか、たえず知っていなければなりません。また、つねに学問、研究して、良いきかいを発明し、良い作り方を考え出すことも必要です。外国から原料を輸入するばかりでなく、なるべく国内の原料を利用することも大切です。

原稿用紙一枚に一項目ずつ、六つのテーマで、六枚にまとめています。このまとめ学習は、学校だけではなく、家に帰ってやっていたのでしょう。ちょうど、五月から六月にかけて茶摘み、麦刈り、田植えが重なり、農作業も極めて、忙しい時期です。母親の入院もありました。その合い間をぬってこのまとめをしていたのです。表紙絵には当時、一枚五円もした画用紙が二枚も使われています。これは自己負担です。自分が買って持っていくのです。私などには、もったいない事でした。また、表紙の作り方などは、一定の指導があったことをうかがわせます。

（4）の第二次世界大戦のところは、ふだん使うような言葉で、低学年の子どもが読んでもわかるような書き方です。自分が理解した通り、さらにそれを噛んで含めるように、やさしく書いています。彼女の能力の高さを感じます。調べる学習ではあっても、丸写しや、そのまま書くのではなく、自分の理解を通して書いていくことができています。

項目を立てて、六つに分けて、書いていることにも注目したいと思います。高学年に要求される技能です。同じ時に、隣の六年一組であった私には、まだこんなことはできませんでした。

内容としては、明治からの、日本の工業の歴史を中心にしていて、これだけでも、日本の現代史を簡単にとらえることができます。（6）の「これからの日本の貿易」では、情報、学問研究、新しいやり方が大事なことまで書かれていて、今に通じるものがあります。

最近になって、三年生以上に「総合学習の時間」が設定されましたが、六〇年以上前に、鈴木学級では同じようなことが行われていたのです。鈴木雅男先生がかつて、満州の中学校で学んだことが反映している、私はそう考えています。

＊満州の安東中学校卒業生の回想を紹介する。「在校時代には恩師方がいかに優秀な教師であったか忖度（想像）ができませんでしたが、後で考えてみますと、日本屈指の大会社満鉄が立派な先生を招いたからだろうと感じました」「一年の時の担任は非常にやさしい東大出の先生で……」「二、三年の時は台湾から転勤されてきた画家の先生」「英語会話は女性の外国人で」とあるように満鉄が、優秀な教師を、高い給料で招聘していた。また、生徒も優秀であった。満州各地の小学校から応募

があるが、「受かったのは六人に一人だった」。（「安東中創立80年記念誌」より）

2　教師の話が子どもを引き付けた

これらの知識や考えを、飯田淳子は何から得ていたのでしょうか。授業での教師の話や、資料の紹介などが、想像されます。鈴木学級の金子（斉藤）玲子の、日記がそれを示しています。

六月四日（水）曇りのち雨　　金子 玲子

先生に、社会科の勉強の時に、明治から昭和にかけてのおもな戦争の話を聞きました。第一次世界大戦の時の話では、とてもおどろいたことがあった。それはきのうまでは、こじきをしていた人が、今日は大金もちになったということです。これは世界中のどこの国も戦争をしている時に、日本だけは工業に力を注いで作ったものを、どんどん戦争をしている国にうりこんだ。日本はイギリスやフランスやロシアのほうに入ったそうだが、戦争しているところが遠いので、高みの見物だったことをくわしく話してくれました。品物を売ったのは、敵へも、味方へも売ったそうだ。成金という言葉はこの時からいわれるようになったそうです。その後、満州事変、上海事変、支那事変などを中にはさんで、第二次世界大戦が起こった。この時の味方は、イタリア、ドイツ、日本の三国、敵は、スイスを抜かして世界中の国でも、初めのうちは勝っていたそうです。これから、日本の国は、絶対に、戦争はしないと法律で決めてあるんですから、戦争などしないで、平和な国を作っていけばよいと思います。おそろしい戦争の原因は、たいていは、貿易だと先生が教えてくれました。（「かしのみ四号」）

このような授業が、もとになって、すみ子の「日本の貿易」のまとめが書かれているのが分かります。

◎コラム：歌わなかった私たち

同じ学校の六年生でありながら、となりの私たち一組は、あまり授業らしいものはなかったと思う。家庭科の代わりに校庭の木の枝おろし、図工は、外に出て勝手に写生するだけ。教師は見回りにも来ないので、私たちは遊び半分だった。絵具を「忘れた、という子」が多く、私もその一人だった。音楽は……やったかどうか。まともな楽器もなかった。国語の授業は教科書を朗読するのが中心で、つっかいつっかいしながら読む子が多く、スラスラ読める子が「勉強のできる」子だった。だから、私の日記には遊んだことが多い。その中にどういうわけか、音楽の授業が書かれている。授業・勉強らしいのが日記に書かれたのはこれだけだ。

6年1組の日記帳

六月一〇日　火曜日　晴

音楽のじかんの時。オルガンがなってもみんなは立たないので先生はおこって、ぼくたちに、もう一回、もう一回と何かいもくりかえした
ぼくたちもゆうことをきかない
たかしくんととおるくんはうたをうたわないので立たせられた

下手な文章ではあるが、よくも、こんなことを書いたものだ。強く心に残ったことだったのだろう。授業のことなど書かないわたしが書いたのだから。

この日は、オルガンを弾ける先生が来て、久しぶりに、音楽の授業をしたのだろう。教師は一人一人歌わせようとした。二人とも反抗的、ではないのです。わたしたちは、歌が歌えない。それで立たないのだ。頑として、身じろぎもせず、石のように固まって、最後まで立たなかったとおるの姿は今も胸に残っている。

とおるは、今では同窓会の二次会のカラオケでよく歌っている。奥さんは、津軽三味線の奏者で、時どき演奏会を開いたりしているという。

3　教えあって勉強した鈴木学級

六年二組ではどんなふうに勉強していたのかが垣間見える日記があります。「日記文集・かしのみ四号」に載った倉持哲也の日記です。（原文のまま）

五月一二日（月）　倉持哲也

五月一二日、土曜日の事であった。今日は、通分の仕方が分からないので、ぼくは、仁くんにやり方おせろと言ったのに、仁君は振り向きもせず、やっている。僕は一題もできなかった。僕は日記にこのことを書こうと思った。僕は今日、日記に書いているのだ。僕は通分のかけ算をして、どこに書くのか、分からないから、できないのだ。僕は帰りに、みんなと、先生から教えてもらって、できるようになった。

＊土曜日は一〇日だった。

哲也は、当時を振り返ってアンケートには次のように書いています。

「（学習を）全体で実施することで、理解できた。特に、歴史が好きで、親の本をもって学校に行った」「全体で」というのは、みんなで教え合うことを意味しているようです。教えたり教わったりする関係が生まれていたことが分かります。時には鈴木先生も加わって教えてくれます。放課後までやっていました。この日記からは哲也の学習への前向きな姿勢が伝わります。

「国語とか、算数とかは、分かるまで教えてくれた。社会科の歴史など、古いころから良くおしえてくれました。熱心だったのかなあ」（風見よしの）。

それまで、あまり勉強をしなかった子たちだったがゆえに、鈴木先生の指導が、心に残っているのかもしれません。

「科学、学問に基づいて、きちんと、理解できるように教えてくれた」。金子玲子は感動を込めてわたしに語ってくれました。

この六月発行の『日記文集一』は、『かしのみ四号』として出ています。五年生のときには、秋から春にかけて詩集『かしのみ』を、三号まで出しました。そして六年になると、さらに進んで、日記の指導が始まったのでしょう。それで、『かしのみ四号』は、詩ではなく、日記からの特集となったと思われます。詩集『かしのみ』一、二、三号には載っていなかった子も、この日記文集にはたくさん登場します。詩という表現ではなく、日記という、毎日の記録の中でも、願いや思い、暮らしが語られています。これもまた、鈴木学級の一つの発展だったのではないか、そう思います。この後はしばらく出なかったようです。

しかし秋になると、『かしのみ』（作文集、号数無し）二枚とじ、が出ています。

五　作文で考えを深める

『かしのみ』（六年二組、作文集）は、六年生の後半になって一一月に、「二枚文集」（作文集）として出されました。詩や日記から、作文へと指導が進んでいったのがわかります。教師がガリ切りをしています。Ｂ４の用紙二枚に、縦書き、四段となっています。二枚目の隅には「あとがき」として鈴木先生の言葉が出ています。

「あとがき」
かしのみ文集もしばらく出せませんでした。いつも今月こそは出そうと思っているのですが、ついだめになってしまいます。そこで、もっと簡単に出せるように一枚文集にしてみました。これならばみんなの力で、すぐ、たくさんできるでしょう。これからはこんな形で、ずっと、続けて出していきたいと思います。お家のかたからの作品もぜひ、ほしいものですね。みんなから良くお願いしてください。

これを見ると、これまで、「かしのみ」が出せなかったことがうかがわれます。「ついダメになってしま」ったのは何か理由があったのかもしれません。作文指導として「身の回りの出来事から、考える」ことを指導していたことが作品からわかります。作品をいくつか、要約して紹介します。

信仰と生活を考える

「仏教を信じる人に」（金子玲子）は、同じ地域の「お母さん」が大変な仏教の信者で、人からお金を借りてまで、お参りをしたり、お供えをあげたりしているのを、見聞きしていて、ねつが入りすぎだと思っています。ご利益があるということでやっているのだろうが、「そこの家では、ことしは、（葉）たばこは、だめになってしまったそうですが、これでも、あまりお金をあげないからと思っているのでしょうか」と疑問を投げかけます。さらに別の仏教を信じている家のこともとりあげて、仏様を持ち出して、子どもを脅しつけるような言動に「こんな風では、仏教はどんどん悪くなってしまうから、信じるとしても、よく考えて、信じなくてはいけない」と結んでいます。

宗教がらみなので、今だったら、教師は載せるのを、躊躇してしまいます。この時代、宗教に熱心なあまり、トラブルを起こしている家庭を、見聞きしていたことも事実です。金子は二つの例を挙げて、考えを述べています。子どもの世界が広がっていったことを示しています。

家族のために痛みをこらえる

「**私と私の家のこと**」（飯田淳子）。学校で、図書部やその他の仕事で、家に帰るのが遅くなることがあっても、夕飯の支度は、自分の仕事です。だから私の手は、荒れていて、水がしみて痛い。友だちからは、働きすぎだと言われ、家の人からは、もともと肌が弱い、と言われる。痛くて泣いた時もある。白菜でおつけを作るときなど、良く洗わないで煮てしまうので、砂が入っていて、じゃりじゃりと音がすることもある。ごはんもゴミが入っているまたいてしまうこともある。でも、忙しく、朝から晩まで働いている家の人を思うと、夕飯の支度ぐらい、頑張ろうと思っている、と書いています。

白菜をよく洗えないのだ。米とぎも同じだ。手が痛くて、洗えない。夕方、外の井戸ばたでの作業だったのだろう。味噌汁に、砂が入っていても、それでも、だれも文句も言わずに、笑いながら食事をしていたのではないか。そういうおおらかな淳子の家族の姿が私には見えてきます。

薬のない保健部

「**保健部の薬やほうたいについて**」（和田純江）。これは、保健部（委員会活動）を取り上げています。友だちがけがをしたので、保健室に行ってみると、包帯がない、薬・赤チンもない。はさみもない。メンタムも見当たらない。「薬などはいくら余計に会ったってないよりはいいと思う」、と書いています。

こまごまと、よく見ています。そして心を働かせています。鈴木先生の「良くないことはよくないとはっきり言おう」という指導が感じられます。この当時、保険室の予算も足りなかったことがこの作文からはうかがえます。

いたずらはやめてほしい

「**私たちの学級**」（入江みな子）。「私の学級のことですが、六年二組にはとても悪い人がいます」で始まり、具体的に友だちの名前を挙げて「行き会うたびに、何もやらないのに、私のことをいたずらするのです」「作業の時にトンガ（唐鍬）で、やられて泣いたこと」「あだ名を言われること」などがあって、私は彼を憎んでいる。一、いたずらや悪いことをしないでもらいたい。二、はたかれては、間に合わない。家で何かやっていたほうがいいと心情を綴っています。

みな子は、いじわるされたことをかなり詳しく書いています。特定の男子の名前を挙げています。元気な、いたずらっ気のある子の姿も浮かんできます。でも、みな子は、それが我慢できない。いやなことはいやとはっきりと言おう。『かしのみ二号』の「せんせいからみなさんへ」では、これは「大切な心構えだ」と言っています。このような作文が、堂々と印刷されて、家庭にも配られて、読まれます。「個人攻撃」と勘違いして受け止められかねません。しかし、そうではありません。ここで、「悪い」と実名で書かれている男の子は、鈴木先生が、転勤になった春、先生に会いたくて、友だちを誘って、遠くの学校まで、自転車で、先生に会いに行ったのでした。こう育ってほしいという教師の厳しさ、願いが、子どもにはわかるのです。

「廊下を走ったら、立っていろ」というルールについて
「廊下の歩き方について」（倉持かづい）。廊下を走ってはいけない、というが、急がなくてはならないこともある。そういう時は、急ぎ足でもよいと思う。職員室で、電話が鳴っていて、先生はだれもいなかった。それで先生を迎えに廊下を走ったら、五年生の男の子が「おめ、廊下かけたんべ」と私をひんつかむようにして言う。「ほんだって、電話かかってきて、誰もいないので、先生に知らせるから急ぎ足で走ったんだよ」と言ったら「ほんじゃ、先生に言って来たら、立っていろ」と言われたが「うん」とは言わなかった。実践部の仕事の途中だったからだ。だから、すこしぐらい急ぎ足で、歩いてもいいと思う。

きちんとした意見文です。初め、中、終わりの組み立てができています。中には、具体的な出来事が書かれています。そこが面白い。走っているのを見た五年生が「私を、ひんづかむようにして」「おめ、走ったんべ」というあたりなどは勢いを感じます。「ほんじゃ、先生に言って来たら、立っていろ」には笑ってしまいます。「廊下を走ったら立っている」という罰則があったのです。これなどは、みんなで、読んで話し合うのによい作品です。

ここにあるのは、すべて長い、しっかりとした作文です。自分の意見を書くには、出来事に基づいて、理由を述べ、意見を書く必要があります。ここにある作品を見ると、六年二組鈴木学学級では、詩、日記から、作文・意見を書く、へと、指導が発展してきたのが分かります。

「仲間外れにされるのはいやだけど」

六年生らしい心の動きがある作品です。今に通じるものがあるので、全文紹介します。

あだ名

飯田 美生

ぼくたち、ほとんどはあだ名がついている。いやなあだな。いわれてもそういやでないあだな。八分団のことを少し考えてみた、まず一番ひどいと思うのは、山田君のあだ名であった。「のみ」というのである。今日、家庭の時間にまさし君が「のみ」といったら、勇一君が「おら、朝会の時、のみ、二ひき取った。」といったので、だれからうつってきたのかいときいたら、「きっと、山田君からうつってきたんだっぺ」と言ったので、ぼくが、「勇一君らちに、のみいっぴきも、いねのかい」といったら、何とも勇一君は言わなかった。

僕は、山田君はえらいと思った。「のみ」といわれても、何とも言わない。僕は、山田君を「山田そんとく」とあだ名をつけたのを、これからは、なおそうと思う。

山に、とうやくとりに行ったとき、みんなは、「山田君、のみいっぴきいくらだい」などと聞く。僕も山田君を「のみ」と馬鹿にした。しないと、みんなからはご抜けにされるようになる。だから、言いたくないのに、言わなければならない。こんなへんてこなあだ名、分団を作ったのが、わるいと思った。

子どもの世界をよくとらえています。ある子が山田君に「のみ」とあだ名を言うと、それに続けて別な子が「おら、のみ二匹取った」と言います。山田君には聞こえていますが、黙っています。するとまた別な子が「のみ、だれからうつってきたのかい」と聞こえよがしに言います。そこでまた別な子が、「山田君からだっぺ」と名前を挙げます。それを聞いていたぼくは、「そう言っているあなたの家には、のみはいないのかい」と割り込みます。「そういうことは、やめてほしい」と言ったら、角が立ちます。それで一ひねりしてこう言ったのでしょう。かしこいふるまいです。

そして、黙って、耐えている山田君を見て美生君はえらいと思います。そして自分も「山田そんとく」とあだなをつけたことを反省します。それでも、ときには、友達と一緒になって「のみ」とあだ名を口にしてしまいます。「みんなから、はごぬけ」(仲間はずれ)にされるのがこわいから、言わなければならない。

自分の弱さも含めてこのように綴ることで、説得力があります。六年生としての成長が表れています。このような作文を読みあいながら、友達について、あだ名について、話し合いをしていったのだろうと思われます。

◎コラム：とうやくとり

夏から秋にかけて「とうやく（せんぶり）」が生えた。とても苦い薬草で、おなかを壊すと、それを煎じて飲んだ。わたしにはよく効いた。

学校の北、西側には、やま（雑木林、松林）が広がっていた。東のほうも、少し行けばやまだった。その雑木林、松林に、授業をつぶして、学級総出で、「とうやく取り」に行った。弁当を持って行ったこともある。広い山林地帯なので、教師の目は届かない。みんなてんでんこに、虫を捕まえたり、ハチの巣をたたいたり、木に登ったり、蛇を追いかけたりしながらの遊び半分の採集だった。すすきの葉で切れた指先をなめると苦くて飛び上がることもあった。

こうして、採ってきたとうやくは教室の窓につるして乾燥させて、仲介業者に売った。その代金はドッジボールやソフトボール、バットをかう資金となった。つぶされた授業は、音楽、図工、家庭科などにとどまらなかったように思う。やまの中でハチに刺されても、擦り傷を負っても、大騒ぎになることもなかった。日ごろの生活の延長だった。みんなバラバラに広いやまで採っていたのだが、だいたいの時間が来ると全員が学校・教室に戻っていた。

※作品中の名前を仮名にしたところもあります。

Ⅲ

わたしたちにつながる人々のいとなみ

「ななえ風土記」を作る

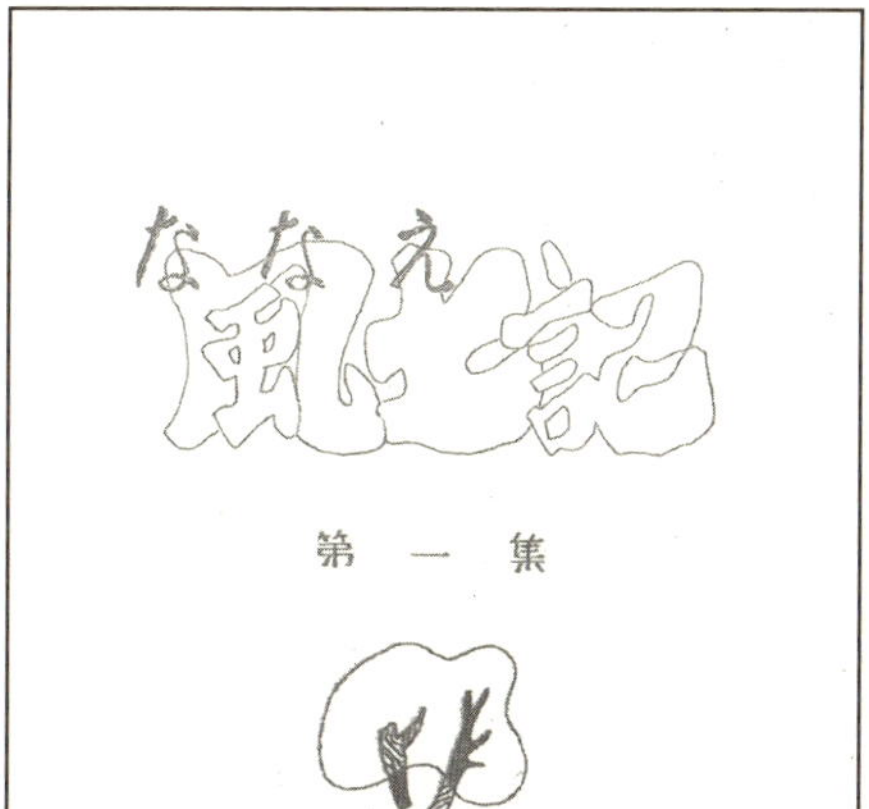
ななえ風土記

第一集

昭和三十四年三月　発行

昭和三十三年度卒業生

一 六年生共同での、学校としての取り組み

『ななえ風土記』（第一集）は、この土地の言い伝え、地名の起こりなどを子どもたちが調べたものです。昭和三三年度卒業生発行と書かれており、三月二一日の日付があります。卒業生発行というのが目を引きます。鈴木雅男学級だけでなく、一組（私たちのクラス）も、ここには参加していて、調べた人の中に私の名前もあります。各部落（地区）の子が数人（グループ）で調べたようです。鈴木学級のこれまでの学習が、クラス単位から、学年全体、そしてグループ活動へと広がっていったことを示しています。内容も「部落（地区）」で、言い伝えられている話やことわざなどを、調べたものへと発展しています。

ここには、校長の言葉「はじめに」が出ていて、学校としての取り組み、という位置づけがなされています。一部を紹介します。

「みなさんが調べたこのななえ風土記は今まで誰もまとめたことがありません。後々の世までも、非常にためになる素晴らしい仕事です。」「すばらしいしごとだなあ。」「そういう仕事をたくさんしたいなあ」（校長・針谷源一郎）

校長の言う通り、初めての、取り組みだったと言えます。

子どもが調べたものをもとに、教師の編集になるもので、すべて、文字がそろっていて、鈴木先

生がガリ切り、印刷、製本したようです。三月二一日発行、卒業式目前です。なんとしてもこれを出したい、そんな気持ちが伝わります。
目次を紹介します。（　）内は調べた人。

はんや（木村作次、木村君子、木村和子、霜田千恵子、霜田直子）
1．豆まきのできない家
2．ごぼう
3．農事天候について

とみだ（飯田博、入江久子、猪瀬竹久、椎名貴子、飯田次夫、飯田まつい）
1．富田の起こりについて
2．開山上人
3．十文字
4．弁天池の起こり
5．いろいろなしきたり
6．天候についての言い伝え

こまはね（今井成司、飯田淳子、飯田次男、森平千恵子、相沢常勇、飯田和子、森平ふう子）
1．念仏塚

2．天候についての言い伝え

かりやど（張替行男、木村増夫、張替忠、木村恵子、張替たかえ、○○○○＝不明瞭で読み取れず）

1．借宿という地名について

2．木村一家に伝わる話

3．観音寺という地名について

4．張替一家のしきたり

5．鬼はらい

6．旧正月の行事について

7．お葬式のしきたり

8．借宿のお祭り

かみいづしま（野本昇、海老原きみ子）

1．麦まき牡丹餅

2．三島神社

3．目っから畑

み（倉持秀夫、倉持美知子、倉持てる子、倉持良子）

1．結婚式のしきたり

2. 卯の日の田植え
3. 農事について
4. 病気について
5. 三村という地名

てらく（氏名を読み取れず）
1. 石場橋と寺久藤重
2. 鍬入れ正月
3. あずきがゆ

一部を紹介します。

「はんや＝豆まきのできない家」

むかしから、霜田、石塚を名乗る家では、節分が来ても、豆まきができません。それは、昔、この人々が豆もまけないほど貧乏だったので、その苦労を何時までも子孫の人たちが忘れないようにと、このようなならわしになったそうです。また、鈴木を名乗る家では、豆をやいてもまいてはいけないということになっております。どちらのならわしも、私たちの祖先が、むだなことやぜいたくなことをしてはいけないということをおしえていると思います。

「とみだ＝弁天池の起こり、嫁入り」

・江戸幕府地代、享保年間に日本中が大ききんになりました。毎日毎日、日照りが続き、作物はみんな枯れてしまいました。富田の人々も大変食べ物に困り、何とか雨が降らないものかと、弁天様をかたどった池を掘り、住民で一生懸命雨ごいをしました。すると急に大雨が降ってたちまち池には水がいっぱいたまったそうです。当時作った弁天様は三六塚で、大師様をまつったのは慶応年間だそうです。

・花嫁が、むこさんの家に着いたら、勝手口から上がって座敷へ通る事になっています。また、門口では、たいまつをくぐって入ってくることになっています。

弁天様

「こまはね＝天候について」

・夕暮れ方に道や庭で歩いていて、目の前に小さい飛ぶ虫がたくさん集まって、柱のようになっていると、次の日は雨になる。

「かりやど＝地名について」

・生子の万蔵院の前の和尚さんという人の話によると、七重の大字の地名には、仏教から採ったものが多いそうです。寺久、半谷、三、など仏教から来たものでしょう。借宿も古い墓誌などには、刈宿と書いてあります。たぶん、この世は、假の宿りであり、あの世（死んでから）が、本当の世の中だという仏教の教えから来たのだろうと思います。もう一つの言い伝えは、平将門が、狩りをするためにここで宿を借りたから、借宿と名がついたのだろうと言われます。

「かみいずしま＝麦まきぼたもち、三島神社の由来」

・麦まきが終わると、麦まきぼたもちを作ります。麦の実が、ぼたもちのように大きく実るようにと神様にお祈りするわけです。

・三島神社は、今では部落の氏神様になっていますが、元は、倉持儀一さんの先祖が三島から移住してきたときの氏神様としてまつった、ということです。

「み＝結婚式、田植え」

・結婚式の時、お嫁さんは、軒下で、たいまつを両方から投げ合った上を渡って家に入ります。

・卯の日に田植えをすると、その家の中から、食えない人（病人のこと）ができるといわれて、田植えを休みます。それは、昔、お寺の田植えを村の人に手伝わせるために、そのようなことを言って、村人に、自分の田植えを休ませて、お寺の田植えを手伝わせたということです。

「てらく＝石場橋、あずきがゆ」

・岩井町と境町を結ぶ県道に、昔から石場橋という橋があります。それは今から二八〇年ほど前に、ここに関所を置いていたといわれます。今の森戸地区伏木三軒坪にこの関所の見張り役人三人が伏していたので伏木三軒坪と呼ばれるようになったそうです。

・旧正月一五日には、あずきがゆを作り、その汁を、家の周りに巻きます。そうすると、害虫の害がないといわれています。また、あずきがゆを食べると、一年中、はちやむかでの害がないといいます。

これらを見てもわかる通り、地名の起こりや、地域にある古くからの場所、あるいは、農事と、それに関係した祭事など、農業社会、村という共同体を基盤とした、言い伝えです。言い伝えだけではなく、それに基づいて、実際の行事・くらしがいとなまれていたこともあったのです。

同じ部落（地区）内であっても、知らないことがあります。それは、古い時代には、もっと小さな共同体、別々なまとまりが存在していたことを教えています。この部落そのものが、かつては一つの村であったこと、しかもそれがまた細かく分かれていたことを示しています。人々はその中で助け合って暮らしていたのです。おそらくそれが自然と融合した単位だったのでしょう。

村・地域の古老たち、明治の初めのころに生まれた人たちから聞き取ったもので、今となっては貴重な資料と言えるでしょう。

「あとがき」は、六年担任二人の連名になっています。

「これを読んでいると、私たちの祖先の姿が生き生きと目に浮かんできますね。これをもとにして、みなさんに続く小学生が、第二集、第三集と続けて行くことでしょう。」「このような立派な研究を残されたみなさんは、きっと良い中学生になるでしょう」（鈴木雅男、石塚修）

一九五三（昭和年二八）年、『綴方風土記』が平凡社から出版され、大きな反響を呼びました。これは、全国の、日本作文の会などの教師たちが中心になって集めた、子ども（小・中学生）の作文集で、東京編、関東編など各地方別に、次々と出版されました。各県の産業、交通、歴史、土地の特色、風土と結びついた暮らしなどが、載っていて、全国各地の様子が作文を通して分かるようになっていて、どこの学校でも、図書室には並んでいたものです。

この「ななえ風土記」もこのような流れの中で、学校の取り組みとして生まれたのでしょう。しかも、卒業式直前の発行ということから、なんとしても、これをやり遂げたいという鈴木先生の熱い思いが感じられます。

二　地域に根差すこと、誇りを持つこと

とにかく、勉強しない私たちでした。都会から来た若い教師が、「このあたりの子は、しょうがないな」とつぶやいたのを、今も覚えています。高学年になると、もう、農作業を手伝うのが当たり前でした。そういう中で、鈴木先生は、知的にも賢くなることが大事だと考えていたのでしょう。

倉持哲也が先生の言葉として覚えている「君たちは体が大きくないんだから、知恵を使う仕事につかなくてはいけないね」がそれを語っています。「わかるまで教えてくれた」「家でも遅くまで学習をした」「家庭学習をしていかないと怒られた」「グループで教えあった」。鈴木学級ではこうして知的な成長を図ったのでしょう。それに合わせて、子どもたちに自信を取り戻す活動が組まれています。

鈴木学級の『かしのみ』を見て行くと、五年生では、児童詩、六年では日記、本格的な作文、そして感想文へと発展していきます。ここには鈴木先生の、教師としての自身の学び・成長が反映していると考えられます。鈴木先生は、新しいことに挑戦し、子どもたちの反応、手ごたえを感じていたのでしょう。それが、次の新しい実践へと進む原動力となったと考えられます。

中でも、「校歌を作る」という学習活動は、子どもの意欲を引き出し、地域の暮らし、風土、歴史に目を向け、子どもたちに誇りを持たせるうえでも、極めて、大きな意味を持っていたと思います。そして、やがては、学級だけでなく、六年生全体、学校の取り組みとして、『ななえ風土記』となっていったのでした。校歌に歌われた地域を自分たちのものとして、さらに身近に感じる学習でもあったのです。完成したのは、三月二一日、卒業式の数日前でした。

当時、東京や華やかな都会へのあこがれが私たちを支配していました。鈴木先生は、それよりも、まず、住んでいる場所、足元に目を向けよ、そこにいいものがあるじゃないか、君たちのお父さんやお母さん、おじいさん、おばあさん、いや、そのずっと昔からここで生きてきた人たちの願いや、思いの結果として、私たちがここにいるのだよ。だから郷土・風土を見つめてみようと、言いたかったのだと思います。それが、「校歌・七重子どものうた」であり「ななえ風土記」を生んだのでした。

子どもたちに、自信と誇りを持ってほしい、ここから出発するのだ、そう言いたかったのだと思います。

この風土記を出してから二週間ほどして、子どもたちは、同じ子たちが全員そのまま七重中学校に入学しました。鈴木先生は、少し遠くの「特殊学級」へ転勤となったのでした。

そして、高度経済成長の波が、急速にこの地域にも押し寄せ、私たちの生活を変えていきます。この風土記に書かれた営みは、今やすっかり、消えてしまっています。それだけに『ななえ風土記』はその直前の貴重な記録と言えます。

Ⅳ

おもしろかった
子どもは友だちだった
こうして校歌が生まれた

鈴木雅男先生に聞く

鈴木先生と子どもたち

わたしたちは、昭和三四（一九五九）年の三月に、岩井町立七重小学校を卒業した。中学校も同じメンバーだった。その、同窓会などのたびに、元六年二組のことが話題になる。そして「校歌＝七重子どもの歌」で盛り上がる。当時の六年二組の子たちが作った校歌である。いまだに、心に残る先生とその教育は、いったいどうして生まれたのか。五〇年経って、担任だった、鈴木雅男先生にお話を伺った。

地域および当時の学校について、すこし記しておく。私たちが、入学した時は、七重村立小だった。七重村は、明治二二年の合併によって、借宿、半谷、富田、駒跿、上出島、三村、寺久、七つの旧村が、いっしょになってできた村である。「七重」というのは単に七つの地区が合併したことによってつけた名前で、由来があるわけではない。この「七か村は、どれも、同じような一〇〇戸に満たない小さい村で、資力も乏しい。ただ、人情風俗などが似ているので、一つにまとめた」。『岩井の地名』（倉持征支）には、こう出ている。昭和の戦後になっても、事情は同じだったろう。丘陵地を耕し、米・麦、サツマイモ、茶、それに貴重な、現金収入を稼げる葉タバコが主な産物。純粋な農村であった。この地域は大河に挟まれ、あちこちに湿地・沼地が侵入していて、交通の便も悪い。七重村もその例外ではなかった。

村では、最も文化的なのが、学校であった。私の場合は、つるべで井戸の水をくみ、手桶で風呂に運ぶ。柄杓で水をすくって、飲んでいた。時代劇で出てくる暮らしに近かった。勉強をするにも机などはなかった。畳の上に原稿用紙を置いて、作文を書いたので、畳の凹凸で、文字がギザギザの縞模様になったことを今も覚えている。下駄やぞうりで登校した子もいたので、体育ははだしだった。教室に入る時は井戸ばたで足を洗った。暮らしは、文化的という環境には程遠かったと言ってよい。私たちにとって、学校と本は世界への窓だった。

そんな地域の学校に、鈴木先生は、転勤してきたのであった。その年、昭和三〇年には、町村合併によって、学校は岩井町立となっていた。町立となって、教員の広域な異動が進んだのかもしれない。鈴木先生は隣の旧長須村の人である。

インタビューの記録

二〇〇七年九月二八日　茨城県坂東市長須、鈴木先生の自宅にて

・鈴木雅男（昭和三二、三三年度岩井市立七重小学校五、六年二組担任）
・鈴木夫佐（鈴木先生夫人）
・斉藤（金子）玲子（元鈴木学級、六年二組児童）
・今井成司（元隣学級、六年一組児童）

質問は主に今井が担当した。記録の途中に解説を入れた。

一　満州で生まれて

——生まれたころのことを

鈴木　もちろん。中国です。タントンというところ。朝鮮との国境。鴨緑江のほとり。満州じゃ、かなり大きな町ね。国境の町ね。

——へえ。もう一度お聞きします。どんな字を書きますか。

鈴木　おひさまに一本棒。それに東。

——ああ、旦東（丹東）ですね。なぜ、満州なんですか。

鈴木　親父が満州の官吏だったんですよ。

——どんなお仕事ですか。

鈴木　今でいう、専売公社みたいなもの。アヘン工場。そこの責任者。それで、中学に入るときに親父が、転勤になってね。内モンゴルに。そこに行くので、私は、しょうがないから、下宿して。

——ああ、残ったんですか。

鈴木　そう、一人残って、タントウの、昔はアントンと言ったんですよ。そこの安東中学校に。（アントン、アントウは同じところ。漢字表記では安東）

——旧制の中学校ですね。日本で建てたんですね。

鈴木　そこで五年やって、終わって、ちょうど、一年しかないから、徴兵検査まではね、だから、

満州　安東縣立中学校

浪人してもしょうがないので、親父のいる蒙古に行って、蒙古政府の経済部というところに務めさせてもらったのよ。

——蒙古政府は日本の傀儡《かいらい》政権ですね。（満州政府とは別の傀儡政権）

鈴木　そうです。傀儡です。そこで一年やって、徴兵検査。すぐに応召。

——現地での応召ですね。

鈴木　そう。現地応召。それで今でいえば、サイナン市（済南市）、サンセイ省（山西省）の山の中ですね。そこで、一年たたないうちに、昭和二〇年になってね。（済南市は山東省にある。記憶ちがいか。ただ、山の中というと山西省とも考えられる。）

——そうですか。

鈴木　昭和一八年に卒業だからね。中学を。二〇年の四月に入営して八月に終戦でしょう。で、現地除隊。うちの家族も全部モンゴルにいたから。妹二人と両親。奇遇なんだよね。武装解除になって、現地除隊となって、素っ裸になってね。それで、何気なしに、テンシン（天津）に日本人が集まっていると聞いてね。行ってみたら日本人の収容所があって、そこで会ったんだよ。偶然にね。（テイシンとも聞こえたが天津とした。）

——へえ（驚き）。

鈴木　本当に偶然なんだよ。会えなかったら今ごろどうなっていたか、分からないよ。

——それですぐに帰れたんですか。

鈴木　帰ったのは、二〇年の一二月三一日。

——早かったですね。

鈴木　早かった。

――何か、特別な手蔓かなんかあったんですか。

鈴木　ない。中国政府が早く返してくれた。満州にいたら、大変だった。（ロシア軍が侵入してきたこと）

――どこから帰ってきたんですか。

鈴木　カンクウという港から、天津のすぐそば。（「タンクウ＝塘沽」。天津からの引揚者はこのタンクウから船に乗り佐世保についた、という記録がある。録音状態悪く、カンクウと聞こえた。）

――着いたのは下関ですか。

鈴木　いや、佐世保。体一つで帰ってこれました。

――運がよかったですね。それで。

鈴木　芝山というところがあるんですけど、親父の実家でね。そこにいて、一年浪人して、今の麗澤大学、外語学院の中国学科に入って。（麗澤大学は千葉県柏市にある。）

――あのころから、麗澤大学ってあったんですね。

鈴木　でも、二年で中途退学なんです。二年でやめた。

・満州（中国東北部）は当時、「満州国政府」があったが、それは日本の支配下にあった。いわゆる傀儡政権であった。別に蒙古連合自治政府があった。これも傀儡政権である。

・旧制中学校は、一二歳から一七歳までの子どもたちが在籍。卒業生の多くは、高等教育（高等学校、帝国大学、専門学校など）に進んだ。エリート養成の学校であった。安東中学校は、南満州鉄道株式会社（満鉄）が作ったものである。満鉄は、今ならば、三井物産とＪＲと電通と、共同通信社と石油会社などを合わせたような巨大な総合的な会社である。九〇年も前にすでに次のような会社であった。「満鉄の、たとえば、付属病院に行くと、給湯装置は完備されているし、医療器具は自動化された滅菌装置からベルトで流れてくるのであった」。「満鉄本社には六〇〇台のタイプライターがうなりを上げ、電話はダイヤル即自通話である。大豆の集荷収量、運送距離、運賃はＩＢＭのパンチカードで処理され、特急アジア号は、時速一三〇キロをマークしていた。しかも冷暖房付きである。付け加えれば、ロシア語の二級ライセンスを持つもの四五〇〇人、中国語や英語を話せるものは、いや、話せないものは皆無といった状態である」（『実録、満鉄調査部』草柳大蔵）。パンチカードとはコンピュータの基礎となったものである。ここからもわかるように満州では、本土よりも近代的な学校、建物、施設が建てられ、高い級料で、優秀な教師が雇われていた。

・アヘンは、中毒・常習者を作り出し、やがて廃人にしてしまう麻薬である。内蒙古・熱河地方は良質のアヘンが栽培されていて、それが、関東軍の重要な資金となっていた。その内蒙古のアヘン工場の責任者という地位は相当高かったと言える。現地で、豊かな暮らしをしていたことが想像できる。

・ずっと後になって、鈴木夫佐さんから「鈴木の父親は満州では、警察に勤めていたと聞いています」との話を聞いたが、それは、内蒙古へいく前のことだったのかもしれない。あるいは、アヘン工場の話はタブーだったのかもしれない。

二　代用教員となる

――それで（長須に戻ってきて）、どうしました。

鈴木　それで、しょうがねえ、遊んでいられないから。代用教員として長須の学校に出たのよ。

――今、初めて聞きました。

斉藤　私も知らなかったわ。

――あのころ、代用教員、とても多かったんですよね。

――で、長須の小学校へ。

鈴木　そう、長須は長かったんですよ。五年間。

――何歳の時ですか。

鈴木　教員になったのは、二一歳かな。

斉藤　中国の話はよく聞いていたのですが、（この、長須小の話は初めてきいた）

――教師にどうしてもなりたいというわけでもなかったんですね。どういう経緯でなったんですか。

鈴木　ちょうどね、妹が、小学校にいたのよ。妹の紹介で、「こういう兄がいるから」ということで。昭和の二二年か。そこで四年。代用教員をやっているうちに、茨大の養成科というのがあるんだよね。そこに一年通って。

――通った？

鈴木　阿見《あみ》にあるんだ。

斉藤　ああ、ありますね。阿見に。（今も）農学部が。

鈴木　自転車で通ったんだよ。（笑いながら）

――阿見まで⁉　どこにあるの。

斉藤　荒川沖から……ね。（その近く）

――そこまで自転車ですか。すごいですね。

鈴木　そこにあったんですよ、養成所が。

――で一年間。どんな勉強なさったんですか。

鈴木　まあ、教員、師範教育だったな。

――教育心理とか、そういうものですね。あまり役に立たなかった勉強かも知れませんが……。

鈴木　（笑い）

――ところで、長須時代、初任のころは、どんな先生だったんですか。ご自分では。

鈴木　やっぱり、あの、むちゃくちゃよ。そうねえ、印象ないのよね。とにかく、むちゃくちゃよ。ドッジボールばかりやってたよ。

――遊び中心ねえ。しょうがないですよ。子どもたち、満足に、学用品など持ってないんですから。

鈴木　墨で消した教科書だよ。そういう時代だったしねえ。

――何かなさろうとしてもできなかった時代ですよね。

・代用教員。私たちの担任石塚修先生も、代用教員だった。「俺が畑にいたら、呼ばれたんだよ。それで教員になった」。何度も聞かされた話だ。担任の出張による自習が多かったのは、代用教員講習のためだったのかもしれない。

・「墨塗り教科書」。戦争が終わったばかりの学校では、戦前のままの教科書が配られた。新しい民主主義の世の中にはふさわしくない、天皇中心、国家中心の内容のままだった。そこで、その部分を墨で黒く塗りつぶしてから、使っていた。塗りつぶしたために真っ黒になったページもあった。新聞紙のような紙だったという。

・長須小の五年間については、「印象がない」と語っているのが、不思議だった。普通ならば、教師になって初めて持ったもどもたちのことは忘れがたいのである。まだ、この時には、教師として、生きて行くことが定まっていなかったのかもしれない。

・岩井から阿見まではおよそ三〇キロ。自転車では二時間半はかかる。現在は茨城大学農学部がある。長須小に四年、そして最後の一年は、(長須小に在籍したままで、)茨城大学の養成科に通ったのかもしれない。夫佐さんによると、経歴には、長須在職は五年、その後、中川の小学校に二年、七重小にはそのあと四年となっている。

三　七重小学校への着任

1　たったの二年間だった。なんともなつかしくてねえ。

――で七重小学校に赴任なさったのは、いつですか。

鈴木　三〇年か、昭和の。三〇年、三一年といたんだよ。（実際は三四年春まで）

斉藤　二年ですか、たったの。私たちが教わった二年だけ？

鈴木　そう、そう。

斉藤　うわああ（短かったんだという驚き）。

――本当ですか!?　二年間。

鈴木　あのクラスしか知らねえ。

斉藤　へええ。全然知らなかった。（もっと長くいたと思っていた）

鈴木　なんとも、懐かしくてねえ。

斉藤　私たち、僥倖（ぎょうこう＝しあわせだった）ねえ。

・経歴では、七重小には四年間となっていて、三〇年に赴任したという話は、これとあっている。ただし、「あのクラスしか知らねえ」と言う発言から見ると、昭和三二年、三三年の、五・六年生担任の、あの二年間にこそ、教師として生きがいを感じていたのかもしれない。

2　子どもは友だちだった

――七重小での、子どもたち、見ていてどんな風にお考えでしたか。

鈴木　ほんとに、友だちだね。

――友だち?

鈴木　それで、今考えると、ろくすっぽ九九(掛け算九九)なんかもいえなかったかもしれない。

――ああ、子どもたちですね。

鈴木　いや、自分自身です。

――自分自身が、ですか。

鈴木　わっはっはっは(大笑い)。いいかげんだったんですよ。わっはっはっは。

3　旧制中学校で学んだことをそのままやった

斉藤　それはないよ。一番勉強教えてくれたよ。私、算数は嫌いでしたから。先生からよく「0(ゼロ)っていう数をよく考えなさい」と言われたの。今でも覚えている。

――それはいい話だよ。『ゼロの発見』(岩波新書)という有名な話があります。先生は、そういうことを、どこで、勉強なさったんですか。その辺、お聞かせください。

鈴木　勉強も何も……(なかった)

――そうすると、旧制の中学校で勉強なさったことだけですか。

鈴木　もちろん。

――先生は、よく、子どもたちに、こういうことを調べさせたい、として、地域のことなどを調べさせていましたよね。そういう発想は、どこから出てきたんですか。

鈴木　自分が、自身の、満州での小学校時代に鍛えられたことが、残っていたんじゃないかなあ。

――いわゆる、昭和二〇年代から三〇年代の教育書などを読んでいて、その考え方ですね。「やまびこ学校」とか、映画にもなった、そういう影響って、なかったんですか。

鈴木　ほとんどない。

――ああ、じゃあ、自分で考えたんだ。

鈴木　自分で、というんじゃねえ、考える、というほどのことでもなかったけどね。

斉藤　考えなきゃ、（できないことだった、と思う。）

――不思議だね。

斉藤　私もね。あの０（ゼロ）ということだとか、大切なこと（科学的な考えがあって、教えていたと思う）

――私なんかはね。教師として、そういうことをはっきり意識して教えているので。だから先生の場合もそうなのかな、と思っていたわけです。

・当時は五〇年代、はやりの新教育や、生活教育の影響を受けたのではないかと考えていたが、そうではないと言う。満州での小学校、中学校で受けた教育が大きかったようだ。

4　けんか腰の方言に驚く――まるで外国語だった

――子どもたちは近しい存在ということですが、七重の地域としてはどうでしたか。

鈴木　特になかったなあ。

――では、そこの子どもたちにこんな力をつけさせたいとかそれは何かあったんですか。

鈴木　残念ながら、特になかったねえ。

――でも、文集作りとか、なさっていましたよね。

鈴木　自分の趣味じゃないかな。

――でも、文集を作るのは、ガリを切るとか、大変ですよね。

鈴木　とにかく、あの、(日本に) 帰ってきて、びっくりしたのよ。日本語っていうか。方言に。標準語しか知らないから、方言というのに驚いて。こっちの言葉には抵抗があったね。

――抵抗、なじめないということですね。聞き取りにくいということもあったでしょう。

鈴木　そう。もう、けんか腰の言葉で。

――早口で。

鈴木　それでおびえちゃったのかな。だからうっかり話せないっていう気持ちが強かった。今はそんなことはないけれども。まさに外国語だね。

・満州では、植民地での教育が行われていた。そこでは、本土・東京よりも、もっと、純粋な日本語＝標準語が教えられていた。そこで生まれ、学んだ鈴木先生は、この下総の猿島地方の言葉に驚いたのだ。「外地」(植民地・満州) で生まれ、そこで、小学校・中学校時代を過ごした鈴木青年にとって、戻ってきた本国は別世界だった。

・ここ、猿島地方の方言は、早口で、尻上がり。敬語も発達していなかった。男も女も「おれ」と言った。これらが「けんか腰」に聞こえたのだろう。学生時代、埼玉・春日部の友人が私をたずねてきたことがあった。そのあとで「おまえの家の人、何を言っているのか、わからなかったよ」と言われたことがある。

5　自分のそのままを学習に　子どもたちが頼りだった

——文集作りなど。ガリ切りは、宿直の時になさったのですか。

鈴木　もちろん。文集らしい文集は作ったことないけれども。

斉藤　毎週でしたよね。（出したのは）毎週。

鈴木　それは、子どもたちの文章をあれしたんですよ。

斉藤　俳句でもいいし、詩でもいい。先生が選んだものを、私たちがガリ切りして。

——その意図のようなもの。狙いは何だったんですか。しつこいんですけれども。（お聞きしたい）

鈴木　それは、そうでもしなければ、自分の甲斐がない、というか。何もないですから。

——何もないとはどういうわけですか。

鈴木　そうだね。子どもたちが、どんな風に育っていったらいいか。それが基礎から、分かっていなかったんだよね。だから、自分のまま、それしかなかったんだよね。

——でも、子どもたちは喜んでいた。

鈴木　（やや考えていて）そうだね。地元の大人とはそんなに付き合いがないから。で、自分の思いのままになる子どもたちだけが、真実の友だちだった。だから、ほんとに、子どもたちが頼りだったよな。は、は、は、は。

――うーん。

鈴木 そんなもんですよ。

――それでは、今でも思い出すような、出来事とか、子どもの作文とか、心に残る言葉とか、忘れられないことは。

鈴木 うーん、そうね。思い出せないなあ。

――でも、とにかく、学校へ行くことが楽しみだったんですね。

斉藤 それが唯一の……。

――ところで、先生は音楽もなさっていたんですか。

鈴木 自己流の、ね。

――音楽の勉強はなさっていたんですか。

鈴木 いや、何も。手さぐりの音楽。

・当時、教師としての教育を受けないで、代用教員としてスタートした人の中に、作文・詩・図画などの表現から何かをしようと考えた教師たちがいる。手さぐりの教育だが、作文・詩・絵には、子どものなまの姿が表現される。子どもの気持ちも、暮らしも、家族もよくわかる。そういう中で、彼らは子どもと近くなっていった。

6 「カリキュラム」通りではない授業、上司と意見が合わず

――それで、そのころ、教師としての迷いとか、うまくいかないこと、というようなことはありましたか。

鈴木 そうねえ。あのころの、上司と意見が合わなかったことが多かったね。

――どんなことで、ですか。

鈴木 学級経営のこととか、もっと時間が……。適当に授業を進めている、と見ていたんですよね。上司は。

――でも、他の先生たちも、同じようだったんじゃないですか。たとえば私は（となりの）一組でしたが、先生はよく出張で、自習が多かったですよ。私には自習の記憶しかないくらいです。その人たちにはどうだったんですか。

鈴木 まあ、だいたい厳しい上司でしたね。あの時には。

――どうしてそうだったんですか。何か、そうやらないと、（校長の）地位が危うくなるとか、保身上のことですか。

鈴木 そういうことはない。あの、威厳を保つうえでのあれじゃないかな。

――内容は授業のことですか。カリュキュラムに沿ってないということですか。

鈴木 そうだな。カリキュラムに沿ってないということが中心だったな。

――それが先生には納得できなかった?

鈴木　そうね。その言い方がね。

――それで、そんな場合はどうなさるんですか。

鈴木　こっちは相手にしない。

――それで、ご自分では、(やりたいように)やっていると?

斉藤　あははは。

鈴木　ほんとに相手にしなかったね。

――相手にしない。ねええ。そうでしたか。

斉藤　一日。算数ばっかり、というのもありましたよね。

鈴木・斉藤　(二人で大笑い。)

――そうですかあ。そういう大変な思いをしていながらも、子どもたちが、慕って来るし。それが救いだったのですかねえ。

・「カリキュラムの問題で、校長と意見が合わなかった」。ここは、そのまま受け取っていいのかどうか。実は、当時、ほとんどの教室で、カリキュラムどおりには実施されていなかったからだ。私たち一組は、理科の実験などはしなかった。図工は写生ばかり。家庭科はやらない。やったのは草取りや、木のえだ切り。ときには、宿直室裏の便所の汲み出し。肥え樽を天秤で運ぶ途中、たるの汚水がはねて顔にかかったこともある。池の水替えもやった。音楽の時間は何をやったのか。トウヤクとりで、つぶしたのではなかったか。だから、「カリキュラム通りでない」と言うのは口実だったのかもしれない。校長の「言い方が」気に入らない、はそれを語っているように感じた。

7　子どもと一緒に作った校歌

――ところで、あの「校歌」がありましたよね。（隣の一組だった）私も少し歌いましたが。あれは、どんなきっかけでしたか。作ったのは。

鈴木　きっかけはね。校長から、校歌を作ろうという提案があって。みなさんで作ってみてくださいという提案で。

――ちょっと待ってください。そのころ、校歌、無かったんですか。

鈴木　無かった。それで、みんな（教師）から集めて、その中のいいのを拾うということなんだ。で、どういうわけけか、俺のが選ばれた。

――では、あれは、先生が全部、作詞、作曲されたものですね。

鈴木　作曲も、作詞も（笑いながら）子どもたちと一緒に。

――じゃあ、作詞も、子どもが入ってるんですか。

鈴木　いや、詞も曲も、こっちが作ってから、子ど

国王神社

もたちに聞いてもらって、修正した。

――修正？　ですか。

斉藤　最初は、君たちには、作詞も作曲もわからないだろうから、と言って、一寸法師のリズムで、それに合わせた言葉、先生がピアノを弾きながら、出させたけれども、誰も出さないのよね。それで、先生が、半谷とか部落名を出したら、それからは、子どもたちから出たの。その言葉に、先生が肉付けして……。

鈴木　ああ、そうだった。

――子どもたちから出たものをつなげていった。すごいですねえ。

鈴木　そういえば、今、考えるとねえ、曲のほうも、どうやら、あの、満州の昔、自分が卒業した中学校の応援歌の一部じゃないかな、と思うよ。全く作曲なんて、知らねえんだから。

――それでは、採譜したのは、音楽の先生ですか。

鈴木　そうかもしれないね。

――いやあ、あの中に、将門《ヘイシンノウ》が出てくるのには驚いています。平将門。あれも子どもからですか。

鈴木　あれは俺だな。

斉藤　そうだよねえ、私たちは、ヘイシンノウって知らないものね。その時に「平新皇」というものを、教えてくれた。

――いやあ、将門まで出てくるんだと思って、これは聞かなくては、と思っていたんですよ。さすが、先生ですね。歴史の勉強があるからね。

斉藤　私がすごいなあ、と思うのは、先生がピアノが弾けたことです。あのころは、先生でも弾けない人が多かったじゃない。それと、今、俳句・短歌を好きになっていて。あの時に、ああいう形で、五・七・五を、ああいう形で植え付けたのは、すごいと思う。

――それで、採用されたんですか。あの歌が。

鈴木　採用された。でも、一時期だったね。その後、プロの作曲家が来て、今の校歌になった。その時に、校長から、新しい曲ができたので、それにしてよいか、という断りのあれが来たね。

斉藤　(作った校歌を) 毎週歌っていましたよね。直しながら。この言葉のほうがいいとか。

――直しながら？　ですか。

斉藤　先生がね。これはリズムにあってないとか。言葉が余り過ぎるとか、リズムにのらないとか (言って、みんなで、直していった)。

――それを聞きながら、子どもたちは、言葉の感覚が育っていった……。

斉藤　五・七・五のリズムの感覚。あれで、すごく。

――そうでしたか。校歌だったんだ。あれは。六年二組の歌だけではなかったんだ。

斉藤　六年二組の歌だと思っていたの？

――俺はそう思っていたよ。正式の校歌ではないと。で、金一封、出たんですか。

鈴木　いやあ。(大笑い)

――その、校歌ができてから、反響、とか、広がり、とかありましたか。

鈴木　いや、分かんない。二年しかいなかったから。

・ヘイシンノウは平将門が、九三一年ごろ、石井 (岩井) に拠点を構えて「新皇」と名乗ったことによるもの。
・六年二組の子たちと先生が作った。しかも、それを、校長や職員たちが、校歌として、採用した。今考えると、すごいことだ。
・当時学校には、ピアノは一台しかなかった。私のかすかな記憶では、二年生のころ村出身のどなたか奇特な方が、ピアノを寄付してくださった。ピアノをいただいて全校でお礼の会が行われたという記憶もある。鈴木先生は、満州では、家庭教師がついている家庭に育ち、おそらく、家にピアノもあったのかもしれない。

8　地域には珍しいことがいっぱいだった

――もう一つ、お聞きしたい。先生は、地域学習に力を入れていましたよね。これは、なんで。また、なんで。なんですけど。

鈴木　それはまあ、遊べるから。

――子どもと一緒に遊べるから?、ですか。

鈴木　いや、とにかく、自然と遊べるから、ね。

――でも、単なる自然学習じゃないと思うんですけど。たとえば、地域の経済とか歴史、風土、とか、そういう……。

鈴木　そういうことを感じながらね。歩いていたかもしれないね。

――何か、先生の話を聞いていると、みんな、自分の趣味でやっていると、聞こえるんですが。

鈴木　ははは。そうだね。

――それがうまく、子どもたちに合っちゃった。というのも変だけど……。

斉藤　そうね。土器の発掘に行ったり、近くのお年寄りから、（昔の）話を聞いたり。

――それはやっぱり、何か、ねらい、意図があったんじゃないですか。

鈴木　どうかねえ。

――今考えると、見事な地域学習ですよ。子どもたちはその気になって、調べてくるし、だから、その点では、先生が、相当、（いろいろなやり方を）学んでおられて、それで……。

鈴木　それはない。（きっぱりと）

――そうじゃなかったんですか。

斉藤　あのね、上岩井か、どこかにお茶（栽培・生産に力を尽くした人）の石碑があるというので。猿島茶というのは有名なんだ、こういう歴史があるんだよ。大きな石碑があるっていうんで、地図も書いてくれたんです。私、見に行った覚えがあるんだ。

鈴木　ああ、（笑い）

斉藤　すごい石碑だった。猿島茶の。明治時代には、外国に輸出していたんだとか。

鈴木　日本は、「初めての国」だからね。二〇歳になるまで、（自分にとっては）外国だったんだから、何もかも、珍しかった。

――それで、（帰ってきて）いろんなものを吸収した、ということですか。ここで。

鈴木　そう。

――外国みたいだった。ここが。そうですか。

・日本は「初めての外国」。これは私たちにはわからない感覚である。古い寺や神社などは、満州にはあるはずがなかったのだから。風俗、人情を含めて、珍しかった。（実際は、満州でも、日本風の寺や神社は新しく作っていた。）

・猿島茶。坂東市辺田に、中山元成の碑＝茶顛翁碑があるが、斉藤が見に行ったのは、それか。幕末から明治にかけて、猿島茶は、絹、銅とならんで、重要な輸出品となった。それで外貨を稼ぎ、工場を作り、軍隊の増強を図ったのだった。中山元成は、そのお茶の生産・製造に力を尽くした人。幕末、明治を中山元成を通して学習するのは面白い企画だ。

四　中国革命の影響、世界とのつながり

――そのころの記録とか、子どもの作文とかは、残っていないんですか。

鈴木　それ、探してたんだけど、何回か引っ越ししたから……。

――あの、もう一つ、仲間としての、教師たちとはどうでしたか。一緒にこういうことをやったとかないですか。

鈴木　相撲が好きなんで、あのころ。ああ、土俵を作ったとか。そこで若い連中と、一緒に相撲を取って遊んだ。

――ほかに、教員の勉強会などはなかったんですか。

鈴木　何もない。

――教育雑誌とか、総合雑誌とかは読んでいた？

鈴木　毎月出る学年別の雑誌かな。

――ああ、今でも出ていますね。「今月の学習」、とか、やり方まで書かれている。その他には。

鈴木　『中央公論』とか『世界』とか、時どき見たぐらいかな。

――それで、先生に、元気を与えたとか、考え方に影響を与えたとか、そういうものはあるんですか。

鈴木　中国革命だね。俺のいたところが、あんなに変わっていくんだ、ということがね。（一九四九年。革命後、中国・満州が大きく変わっていったということ）。それには当時から、興味があったね。

鈴木　あれは、山田（の学校）にいたときかな。共産党に入党したんだよ。もちろん隠していたがね。

――中国革命の影響が大きかったんですね。私は昭和四〇年に大学に入ったんですが、学生の時に、毛沢東の本を読んだり、中国語の勉強をしました。ですから、戦後すぐのころは、それよりもっと、日本の知識人たちには、中国革命の影響はものすごくありましたね。

鈴木　それで、自分も、従軍したからね。日本軍の一員として。あれは強烈でしたね。

・あの中国の人々が、自分たちで、新しい国を作っていく。変わっていくことに、感動を覚えていたと言う。それが生き方につながって行った。「自分も従軍したからね」には、どんな思いが込められていたのだろうか。ここは、もっと聞くべきだった。

五　良く歌った歌

斉藤　先生が、五年の時か、六年の時かは、はっきりは覚えていないんだけど、「原爆許すまじ」の歌弾いてくれたんだよね。

鈴木　あははは、それはあった。ピアノ弾きながら。

斉藤　それが、どんな歌、というんじゃなくて、なんだろう、私、音楽が嫌いなんだけど。すごく心にしみて、ずうっと覚えていて、鈴木先生が出てくる（思い浮かべる）と、いつもイメージ的に（出てくるの）。

——私がおぼえているのは、「働く者の歌」。あれは小学校でやった。「～おいらのねがい♪」という歌。

鈴木　そうか。あははは。

斉藤　それから「頑張ろう」もやった。

鈴木　あははは。

——そうかあ。学校でそれができた時代でもあったんですね。

・終戦間際、広島、長崎に原爆が落とされ数十万人の犠牲者が出た。戦後になると、ソ連、アメリカが競って原水爆の実験をしていて、私たちも、頭がはげると言って「放射能雨」を恐れていた。「原爆許すまじ」は、原水爆実験禁止運動の中で歌われた。
・「頑張ろう」は、五〇年代の終わりごろ、九州の三井・三池炭鉱の労働争議の中で生まれた歌。炭鉱労働者の首切りが大量に行われようとしていた。石炭から石油へのエネルギーの転換が始まっていた。

斉藤　でも、よく校長先生は怒っていましたよね。あの校長先生。何度も何度も。
――飯田重忠校長の後任の方ですね。この人は若くして校長でしたね。その管理職とはうまくいかなかった。（飯田さんは七重村富田の人だった）
鈴木　うーん。あの当時はね。
――ところで、鈴木先生は、管理職にはなろうとは思わなかったのですか。
鈴木　ない。
――でも、勧められたでしょう。
鈴木　そう。勧められた。養護学校だから、小学部、中学部、高等部となっていて、その小学部の部長はやった。
――管理職試験はあったんですか。
鈴木　試験はあった。
――筆記試験ですか？
鈴木　それはわかんねえ。受けなかったから（笑い）。

——それはそうですね。あははは。まあ、「推薦」が一番だったんでしょうけれども。

——じゃあ、管理職にならずに、六〇歳まで、現役教師だった。大変ですねえ。

鈴木 最後はね。訪問教育。来られない子にはこっちから訪問してね。それが二年。最後の。

斉藤 悔しいですよね。

——でも、まだ、養護教育のカリキュラムなどは確立していなかったから、ある意味、自由に教材など選べた時代でしたよね。

鈴木 その養護教育が義務化になって、うれしかったねえ。

（義務化、一九七九年。その実施にはいくつかの問題があったけれども、各自治体でバラバラだったのを、一定の水準に高めた。予算がはっきりとついた。教育内容も整備されるようになった。おそらくこのことを「うれしかった」と言っているのだろう）

斉藤 先生が二年だけ（七重小にいたこと）

——あの二年間。花開いたという感じですね。私から見れば。

鈴木 そうかもしれない。花開いた……。（つぶやくように）

——時代にも、合っていて、周りの反発も、もちろんあったとは思うんですが。それで、あの経験をまとめてどこかで発表するとかはなさらなかったんですか。

鈴木 うーん。中国で、日本語を教えているときに経験をまとめてお話ししたんですよね。

——向こうで……。

鈴木 あははは。

——いや、もったいない話ですよね。私とすれば、若い教師たちには、聞かせたい話です。そうすれば自分もそういう教育したいな、という教師も出てくると思いますよ。

鈴木　向こうで（中国で）、俺が話した時に、あのさっき言った共産党員になって、小学校、養護学校……（聞き取れず。不明。現役を続けた、という意味か）……と言ったら拍手されたよ。大学生から。

――まあ、いわば差別人事だった、と思うのですが、良くめげないで、やめないで、やっていたなあと思います。

鈴木　あははは。

斉藤　すみません。ありがとうございます。（奥様が、お菓子を出してくれたので）

・鈴木先生は「退職してから、中国での一年間、医学を目指す学生に日本語を教える、その仕事が一番楽しかった」と奥様に語っていたそうである。その授業の中で、こんな一コマがあったのだ。

ここで奥様が、ブドウを持ってきてくれて、それをつまみながらの話となった。したがってこの後は、奥様も交えて四人の雑談となる。私のインタビューの項目・予定はここまでだった。

しかし、この後の雑談の中にも私の聞きたかったことが出ている。また、当時のことについて語った斉藤玲子の話も貴重と考えるので、合わせて、以下に、紹介したい。できるだけ話をそのままの形で伝えるが、まとめて短くしたところもある。

六　家庭学習、やってこないとビンタ

斉藤　家で学習してこなかった子を廊下に並べて、先生はビンタしていました。あの時に私も、唯一、ビンタもらった。

――なぜそれほど、子どもたちに、家で学習させたかったんですか。

鈴木　それが教師の仕事だと思うよ。

斉藤　一回忘れるとゆび一本ビンタ。A君なんか、一五本というのもあった。

――それには、子どもたちに学力をつけたい、という思いがあったからですか。

鈴木　それはあったよ。

斉藤　あのころは、勉強する習慣をだれもついていなかった。それを改めさせたかったんじゃないかな。宿題と言っても、自分で好きなことを調べて、書いていけばよかったんだから。みんなやっていましたよね。

鈴木（夫佐）　よく覚えていますねえ。（先生の奥様。感心したように）

斉藤　それは強烈だったんで。覚えているのです。で、毎日、学校へ行くのが楽しみだった。先生は、五八人全員の宿題を見ながら、こんなにしなくていいよ、などと声をかけていた。大変だったと思う。

・宿題していかないので、ビンタをたくさん食らったAのことを、斉藤さんはこう言う。鈴木先生が、すぐに転勤して児童養護施設に行った春のことだ。ちょうど、四月初め、春休みだったかもしれない。卒業して、中学生になったばかりの「A君は友だちを誘って、自転車で、遠い道のりを、その養護学校に、鈴木先生に会いに行ったんですよ。二人とも、先生に会いたくて仕方がなかったのだろう」。勉強が苦手でビンタをもらった子達に、こんなにも慕われていたのだ。鈴木先生本人も、七重小での、「この日々、充実していた」、と言う。「明日はこれをやってみようかな」、とアイデアも浮かんできたと言う。それは、どこからか学んだのではなく、「この土地が珍しかったからだ」と言う。

・どの先生も、初めは宿題などを出していた。しかし、ほとんどやってこない。あまりのひどさに、途中からあきらめていた。「ここいらの子はしょうがない」。都会から来たばかりの若い教師のこんな言葉を、私は聞いた記憶がある。でも、バカにされたとも思わなかった。仕方ないと思った。しかし鈴木先生は、子どもをバカにしなかった。地域の実態に合わせて、宿題を出していた。子どもたちもそれなりに、やっていた。中には、親に早く寝なさいと言われながらもやっていた子もいる。斉藤は「学校へ行くのが楽しかった」と言う。

七　作文、詩、文集

斉藤　それに、毎月一回かな。私たちが書いた詩から選んで、先生が上手な字で、模造紙に書き写していたの。それを貼ってくれました。かついえ君がなくなった時には、百合ちゃんが書いた詩を、先生が泣きながら、筆で、書き写していました。その時に、墨が流れたのを、今でも覚えています。

鈴木　それは覚えている。あれはショックだったよ。で、俺、かついえ君にハーモニカ、くれたんだ。その直後に亡くなったからね。

斉藤　そのかついえ君に、勉強を教えようとしたのは、鈴木先生が初めてでした。何を書いても先生たちは、丸をあげていました。お客さん扱いでした。でも、鈴木先生はちがった。本気で怒り、本気で教えていた。私にはそう見えました。

鈴木　かついえ君のことは、俺が養護学校へ行く一つのきっかけになったんだなあ。

（この後、保護者や校長との間での軋轢が話題になる。「それは苦労でしたか」、と私が訪ねると「そうではない」と言う。今では苦労とは思っていない、そう、私には聞こえた）

――では、この道に入ってよかったと。

鈴木　うん。それは言える。それしかなかったよね。俺は。ほかの道では。どうにもおれは使い物にはならなかった、と思うから。

斉藤　幸せですね。そう言えるのは、一番。

――誠実に生きてこられた、ということですね。

・作文や詩については、「生活綴り方」的なやり方だったことが分かる。友だち＝かついえ君の死をかなしみ、由利子は、詩に書いた。それを先生はみんなに紹介する。一人の友だちが、どう生きようとしていたのか。そして、なぜ、生きられずに、死んでいったのか。由利子は、おそらくそういう思いを詩に書いたのだろう。それをみんなで読みあうことで、命の尊さや、身近な人の痛ましい死を悲しんだ。だから、今でも、その時の先生の姿が、斉藤の心に残っているのだ。「由利ちゃんの詩を書き写しているとき、鈴木先生の筆先から、黒い墨が流れ出ていた」と斉藤玲子は言う。六年生の観察眼の鋭さ。教師と生徒、二人の間には、その時、同じ悲しみが流れていた、私にはそう聞こえた。

他にも、ヤギの世話をしている男の子の詩なども斉藤さんは覚えているという。働くこと、生活の中で気づいたことなどを書くことで、しっかりと家族とともに生きていく子にしたい、という綴り方教育がここにはある。

・斉藤の「ただ座っている子に、他の先生たちは何を書いても、丸をあげていただけ」という言葉は、私にとっては痛く響く。自分は、教師として、そうしていたこともあったからだ。

「かついえ君のことは俺が養護学校へ行くきっかけになったんだなあ」との発言を見ると、必ずしも「差別人事」とは受けとめていない、前向きな姿勢が推測される。

八　中国語の学習

インタビューの中にも出てきたが、鈴木雅男先生は、退職後、中国にわたり、教師をしていた。日本に帰ってきた当時も、中国語の勉強に、時どき、東京・飯田橋の日中学院に通っているという話が出た。このことに私は奇縁を感じた。実は私も、一九六五、六年ごろ、学生時代に、そこの倉石中国語教室に通っていたのだった。

七重小学校の最初の校歌。六年二組の子どもたちと担任教師で作った。

V

鈴木学級で学んだこと

どこでも教室、先生は友だち

恩師

斉藤玲子

山も野も緑が濃い。満目の緑に小学校、五、六年生のころをを思い出す。「七重小学校」、口に出してみると、白い石の校門、学校を囲む低い土手に植えられていた赤松、校舎前の大きな深い池、百日紅、校庭の樫の大木、旧校舎の白茶けた色など……。中でも、音楽室のなつかしさは格別だ。

ぎしぎし鳴るような古い建物の一つが図書室、もう一つが音楽室で古色蒼然たる中に全く不似合いな、黒く輝くグランドピアノが鎮座している不思議な空間だった。

そんな中で自然体でピアノを弾いていた担任の「鈴木雅男先生」が懐かしい。

当時ピアノを弾ける先生は少なく、格好良く見えた。

先生が唐突に「皆で校歌を作ろう」と言い出した。驚いた。作詞作曲など思いもよらない。音楽の時間はオルガンの伴奏で歌うか、木琴やカスタネットやハーモニカ、大太鼓程度の演奏。ラジオで歌謡曲を聞くくらいの音楽環境だったから全員ぽかんとしているだけ。何の反応もない中、先生お一人の奮闘が始まった。

「指に足りない、一寸法師♪　♪　♪」

ピアノを弾きながら、

「この曲に合わせて、詞を考えて……」

それでも、反応なし、思い余ってか、先生が
「みんなの部落の自慢でも入れたらどうだ。半谷、何かあるだろう。富田、考えてみろ」

自分の住んでいるところが校歌になる？

やっと、意見が出始めた。

先生は一寸法師を弾き続けながら怒涛の攻め。「言葉が曲にあってないぞ。歌ってみろ。字数が多すぎだ」「なんだ、足りんぞ」「言葉にリズムがないよ。五、七、五にすると歌いやすいぞ」

一つの部落の盛り上がりが、他に火をつけ、次々に言葉が出てくる。

この原型に先生がメロデイと歌詞を整えて出来上がったのが「七重子どもの歌」だ。

同窓会などで必ず歌う。忘れられない大切な歌だ。

出来上がった時には、怒鳴るように大声で歌った。


先生が担任だった時が、学生時代で一番勉強したと思っている人がほとんどではなかろうか。毎日、必ず、ノートに何かを書いて先生の検印をもらう。教科書の丸写しでも、絵を描くだけでも可という宿題だった。忘れると廊下にならばされ、男女の区別なくビンタ。一度忘れると指一本のビンタ。二度目は指二本……となって指一〇本（両手）でも足りなくなる人もいた。文集に「夜遅くまで勉強した」「遊んで帰って、大慌てで勉強した」などとあるのは、この宿題を蔑ろにさせない先生の厳しさがあったからだ。

放課後、全員のノートを見ながらひとりひとりに対応。その他大勢にならない濃密な時間だった。

その嬉しさが勉強の習慣になっていった二年間だった。

「どこでも、いつでも教室」

教室に五五人、狭かった。そのためだけではなかったろうが、良く校外授業をした。

社会科の縄文時代、弥生時代の授業は土器の発掘だった。

学校から二、三キロ離れた関東ローム層の台地に行く。住居跡だったらしく、土器の欠片や鏃（やじり）などが出てきた。「先生、これ」。「先生、こっちも」。声がかかるたびに皆が負けじと必死になり、興奮して宝探しのようであった。

帰校途中には小川がある。全員で入って掘ってきたものを洗う。水はきれいだが、水底は泥でぬるぬる。水草が生え、小魚やゲンゴロウもいた。大騒ぎで、魚を追って、社会科の授業が忽ち理科の授業になった。


発掘した土器類＝戦利品を互いに「俺が発見した」などと自慢しながら廊下に机を出して並べていく。

「どんな家に住んでいたのかなあ」と誰かが言い出す。

こうなると子どもにはブレーキがない。もちろん先生も。

校舎裏に「竪穴式住居」を二棟建てた。堅い土を掘り下げ、柱を立て、藁で屋根も葺いた。重労働だったが誰も弱音を吐かない。

遊びの延長の勉強は楽しい。粘土質の土を探してきて土器を作ろうとなったが、見事に失敗。誰一人として器にならなかった。男子は平たい板状のもの、女子は何とこけしらしきものを作って終わり。大がかりな図工の授業となった。そのあげくに、一日中算数、一日中体育という恐ろしい日もあったりした。

学校で、「しいのみ学園」という映画が上映された。「僕らは椎の実、まあるい椎の実……」。内容は覚えていないが、教室に帰ったとたん、クラスで文集を出そうということになった。その文集名も「かしの実」と安直だったが、不定期ながらも、二年間も続いた。

詩でも日記でも何でも好きなものを書いて先生に提出し、選んでもらって、ガリ版（謄写版）で発行。級友のいろんな面がストレートに出ていて、ほかにはない輝きがある「かしの実」だった。個々人を丁寧に見ている先生の選の目と心があったからだ。

ある朝、登校するとその中の詩「かついえ君」を先生が模造紙にたたきつけるような勢いで書いていた。泣きながら書いていた。

昨夜遅く、かついえ君が急性腹膜炎でなくなったという。先生がプレゼントしたハーモニカを抱いて笑っていたのは昨日なのに……。先生の激情に打たれた日であった。

夏休み直前。「東京の学校では林間学校ってのがあるんだって」。「臨海学校もだよ」。いいなあ、いいなあの嵐。皆でうらやましがるだけだったが、先生は即対応。

「学校へ、泊まろう」となった。

机を片付けただけの教室に泊まる。宿泊学習の走りだったか？　かつてなかったことで、修学旅行並みの楽しいイベントとなった。

キャンプファイヤー、肝試し、食事作りと二日間、学校が遊園地のような場所になった。


「社会科の研究授業がある。」

先生が困惑した顔で言う。大勢の先生方が私たちのクラスの授業を見に来られると……。何でもありの出たとこ勝負、爆弾のようなクラスに良く設定したものだ。先生の不安は大きかったと思う。

「利根川に橋が架かったら、岩井はどう変わるか。それとも変わらないか」

クラスを半分に分けて論争することとなった。

全員に、（先生に、恥をかかせてはいけない）という気持ちが出ていて、いつもは手を挙げるのさえ恥ずかしがる人が、真っ先に発言したりして、喧々諤々、エキサイトした一時間だった。ぶっつけ本番が先生流。クラスを信じて、何も言わなかったからこそ、うまくいった。

後日、H校長が一言、「よかった」と褒めてくれたそうだ。

子どもから見ても全くタイプの違う校長で、軋轢さえ感じるほどだったから、研究授業は本当に良かったのだろう。先生も笑顔だった。


私たちが卒業したその春、先生は転勤となった。七重小に来られてまだ数年、短期間だった。しかも遠方への転勤だった。離任式などなかったから卒業式が、そのまま別れの日になってしまった。

春休み、数人の男子が遠い勤務先まで、自転車で先生を訪ねていった。宿題を何度も忘れ、一〇本の指でも足りないビンタをもらったA君たちだった。

満州で生まれ、県西地区で一貫して教育に携わられた先生は、退職後、中国の大学で日本語を教えておられた。

帰国後のクラス会で、上下白のゆったりした中国服で、本場仕込みの太極拳を披露してくださった。ゆっくりと武術の型のような太極拳は、先生の生き方そのもののようだった。

最晩年にお会いした時には、漢字検定一級へのチャレンジと中国語の勉強を惚け防止のためにやっているとおっしゃっていた先生。

小学生の時に
日本語の美しさと七五調のリズムを教えていただいた私は幸せだ。今、俳句を詠み、老後を楽しんでいる。

麦笛や泣き虫毛虫逆上がり　　玲子

あとがき

鈴木雅男先生のお話を伺って、当時流行した戦後教育ではなく、満州に起源のある教育だと分かった時、一人の教師の仕事、その背景には、時代や世界が色濃く反映していることを痛感した。鈴木先生の父親が、アヘン工場にかかわっていたということも、驚きだった。満州関東軍とアヘンのかかわりは、いまだに謎が多い。ここはもう少し、お話を聞いておくべきだった。私の、準備・知識不足というほかはない。

その後で、斉藤玲子さんから、学級詩集、日記文集、七重子ども風土記、卒業文集が送られてきた。これもまた、素晴らしい文・詩集だった。子どもたちの暮らしと願いが、見事に表現されていた。インタビューの前にこれを読んでいたら、もっと話は深まったに違いない。

日記文集では、近所の飯田淳子さんの日記にひきつけられた。彼女の家族はみんないい人たちだった。私の父も母も信頼し、よく行き来していた。そこに、こんな出来事があったとは、当時、私は、まったく気づかなかった。遊ぶことだけを考えていたからである。また、遺骨を迎える、という日記にも驚かされた。

詩集、日記・文集ともに当時の人々の暮らしや願いを知るうえで重要だと思った。元のままの形で、復刻し、共有できることを願っている。また、当時の私の日記が残っていて、参照、対比することができたが、一組の子たちと比べると、文章も描く周りを見る目も育っていない。「教育の違い」

だったのか。

まとめに当たり、わたしなりの解説を付けたが、同じ場所で同じ時代を生き、そして身近な、知っている人たちのことなので、自分の体験・思いが強く出てしまったようだ。そうさせたのも、二組の子たちの詩や日記の持つ力ではないか。そこに自分も確かにいた、そう思えるからである。しかし、詩や作文、日記を「子どもの作品・表現」として読んでしまう自分もいる。ところどころで、友だちになったり、教師の目で読んだりしていて、作者氏名に「さん」「君」をつけたりつけなかったりしておかしな解説になったのはそのためである。

斉藤（金子）玲子さんには、ところどころで、多くのアドバイスをいただいた。彼女がいなかったら、この本は生まれなかっただろう。本来ならば、この日記や詩の作者に直接あたり、お話を伺い、補うべきであったが、コロナという疫病のために出向くことができず、簡単なアンケートになってしまったのは残念である。また、すでに、亡くなっていられる方もあり、もっと早く、出すべきであったと思う。

戦後一二年、半封建的な風土も根強く残り、戦争の傷痕からまだ立ち直っていなかった時代の、一地方の、教育と子どもの暮らし、その断面を、このような形でお届けすることができたことは、うれしいことです。

二〇二四年六月三〇日　今井成司

詩集『かしのみ』掲載作品

「かしのみ」一号（昭和三二年一一月発行）

えんぴつ	金子玲子
やぎのちちしぼり	木村茂
ジラード	永野勲
ジラードさいばん	飯田忠之
いねしき	飯田仁
かぜ（風邪）	秋森紋三
ねことぼく	永野勲
犬	木村恵子
人工えい星	倉持松男
委員長さん	森平ふう子
ぼくと弟	倉持哲也
すもう	倉持かずい
ぼくとへび	野本昇
お金のない日本	木村和子
よしひさ君	飯田修
人工えい星	張替澄子
お父さん	篠崎勉
おじいさん	木村恵子
ぼくの弟	飯田忠之
家のおじいさん	相沢まつい
うしとぼく	木村修
勝家くん	金子玲子
ちっちゃいねえちゃん	木村由利子
ぼくのあんちゃん	倉持晴隆
ゆうれい	木村泰眞
しごと	木村きみ子
ぼくのはと	木村修
むぎふみ	倉持美知子
わたしはがんばるぞ 畑うない	霜田直子
まごさん	飯田勇

「かしのみ」二号（昭和三二年一二月発行）

草を見て	野本喜代子
学校の帰り道	金子玲子
ぶらんこ	飯田仁
平和	木村由利子
いねこき	森平ふう子
ぼくのいもうと	倉持晴隆
こま	秋森紋三

あんちゃん　張替澄子
私たちの学級　入江みな子
冬の朝　木村修
私の家　木村恵子
水くみ　飯田忠之
私たちの詩集　飯田淳子
にげだしたぶた　張替忠
たかはぎ　木村恵子
べんてん様　飯田修
学級会　森平ふう子
日本の国　霜田信夫
私のこぞ　張替澄子
牛にゅう取り　張替行夫
とんがらしもぎり　海老原きみ子
サーカス　木村由利子
とんがらしもぎり　和田すみえ
兄ちゃん　小島武
ふった霜　飯田仁
私のしたじき　金子玲子
カレンダー　霜田義文
びんだらや　木村君子
死んだ犬　霜田義文
かたたたき　霜田義文
はるいさん　海老原きみ子

「かしのみ」三号（昭和三三年二月発行）

春やこい　霜田信夫
かみずもう　飯田美生
あんちゃんの記念　飯田忠之
ぼくのふでいれ　倉持晴隆
お母さんの手　木村由利子
とこやの父ちゃん　張替忠
となりのおばさん　木村茂
目の見えない おばあさん　金子玲子
やねやの父ちゃん　霜田直子
うちのおばさん　森平ふう子
おじいさん　入江みな子
たばこをうったあと　木村修
けがをしたあんちゃん　秋森房子
たんすのひきだし　海老原きみ子

詩、作文、日記の作者名（姓）は、当時のままとしました。
詩、作文、日記中の氏名は仮名にしたものもあります。

【参考文献・資料】

「児童詩教育の原点」野口茂夫（新評論）
「岩井の地名」倉待征支
「茨城の歴史と民衆」木戸田四郎（ぺりかん社）
「やづの子ども」相川日出雄（三一書房）
「長塚節、「土」の世界」山形洋一（未知谷）
「平将門の乱」福田豊彦（岩波新書）
「鵠戸沼干拓史」江口堯（官界時報社）
「猿島大観　付鵠戸沼干拓正史」小澤雄次郎（猿島大観刊行会）
「鵠戸沼干拓について＝苦労を乗り越えて」中山裕司
「安東中学校創立80周年記念誌」安東中学校同窓会本部
「中学生の満州敗戦日記」今井和也（岩波ジュニア新書）
「実録・満鉄調査部」草柳大蔵（朝日新聞出版）
「阿片王―満州の夜と霧」佐野真一（新潮社）
「中国侵略の預言者たち」吉田裕、荻野富士夫、岡部牧夫（岩波新書）
「遠き旅路」能島龍三（新日本出版社）

●編著者紹介

今井成司（いまい せいじ）

茨城県生まれ。1965年県立岩井高校、1969年千葉大学教育学部卒業。東京都杉並第九小学校などに勤務。退職後は、杉並区浜田山小学校などで講師をつとめる。日本作文の会、東京作文教育協議会会員。

〈著書〉『楽しい読書感想文の書き方・5年生』（学校図書）
〈編著〉『楽しい児童詩の授業』（日本標準）、『1年生国語教科書教材の読みを深める言語活動』※2年生・3年生・4年生も発行（本の泉社）、『作文名人への道――報告文・記録文・意見文・紹介文・随筆・物語・短歌・俳句』（本の泉社）、『作文名人への道【小学校3・4年生】』（本の泉社）、『さくぶんめいじんしょうがく1、2年生』（本の泉社）
〈執筆〉『文学で平和を』（本の泉社）、『書きたいことがいっぱい作文教室』（くもん出版）

お茶《ちゃ》摘《つ》みぐれ、できたらな
校歌《こうか》を作《つく》った先生《せんせい》と子《こ》どもたち

2024年9月12日　初版第1刷発行

編　著　今井成司
発行者　浜田和子
発行所　株式会社 本の泉社
〒160-0022　東京都新宿区新宿2-11-7　第33宮庭ビル1004
TEL：03-5810-1581　FAX：03-5810-1582
印刷：ティーケー出版印刷
製本：ティーケー出版印刷
DTP：杵鞭真一
カバー写真提供：「岡部茶」（静岡県藤枝市）

ISBN 978-4-7807-2264-2 C0037